UNIVERSIDADE MARKETING DIGITAL

Universo dos Livros Editora Ltda.
Avenida Ordem e Progresso, 157 – 8º andar – Conj. 803
CEP 01141-030 – Barra Funda – São Paulo/SP
Telefone/Fax: (11) 3392-3336
www.universodoslivros.com.br
e-mail: editor@universodoslivros.com.br
Siga-nos no Twitter: @univdoslivros

ALESSANDRO GERARDI

Consultor e especialista em mídias digitais

UNIVERSIDADE MARKETING DIGITAL

Como promover seu negócio na internet e ser bem-sucedido

São Paulo
2021

© **2021 by Universo dos Livros**
Todos os direitos reservados e protegidos pela Lei 9.610 de 19/02/1998.
Nenhuma parte deste livro, sem autorização prévia por escrito da editora, poderá ser reproduzida ou transmitida sejam quais forem os meios empregados: eletrônicos, mecânicos, fotográficos, gravação ou quaisquer outros.

Diretor editorial
Luis Matos

Gerente editorial
Marcia Batista

Assistentes editoriais
Letícia Nakamura
Raquel F. Abranches

Preparação
Ricardo Franzin

Revisão
Guilherme Summa

Arte
Valdinei Gomes

Diagramação
Cristiano Martins

Dados Internacionais de Catalogação na Publicação (CIP)
Angélica Ilacqua CRB-8/7057

G314u

    Gerardi, Alessandro
    Universidade Marketing Digital : como promover seu negócio na internet e ser bem-sucedido / Alessandro Gerardi. -- São Paulo : Universo dos Livros, 2021.
    208 p. : il.

    Bibliografia
    ISBN 978-65-5609-076-4

    1. Marketing 2. Marketing na internet 3. Comércio eletrônico 4. Vendas 5. Publicidade I. Título

21-0062   CDD 658.84

SUMÁRIO

INTRODUÇÃO 7

CAPÍTULO 1 — O MARKETING NA ATUALIDADE 9
    UM MEIO EM TRANSFORMAÇÃO 9
    OS QUATRO Ps DO MARKETING (OU SETE, PARA OS ÍNTIMOS) 14
    FUNDAMENTOS DO MARKETING DIGITAL 19

CAPÍTULO 2 — UMA MARCA PARA CHAMAR DE SUA 25
    A IMPORTÂNCIA DO *BRANDING* 25
    POSICIONAMENTO DE MARCA 28
    OS CLIENTES IDEAIS, OU COMO CRIAR PERSONAS 39
    IDENTIDADE VISUAL 50

CAPÍTULO 3 — MARKETING DE CONTEÚDO 57
    CONTEÚDO: A BOLA DA VEZ 57
    TIPOS DE CONTEÚDO 61
    PLANEJAMENTO E ESTRATÉGIAS EM MARKETING DE CONTEÚDO 65
    COPYWRITING: A ARTE DO TEXTO VENDEDOR 75

CAPÍTULO 4 — MARKETING DE BUSCA 81
    JOGANDO NO GOOGLE 81
    COMO CRIAR O SITE IDEAL 84
    PALAVRAS-CHAVE EM TRÊS PASSOS 90
    PLANO DE AÇÃO EM SEO E LINKS PATROCINADOS 103

CAPÍTULO 5 — MARKETING DE REDES SOCIAIS 117
    SOB O PACTO DA INTERATIVIDADE 117
    AS DEZ BOAS PRÁTICAS 120
    ESTRATÉGIAS EM REDES SOCIAIS 124
    PLANEJAMENTO EM MARKETING DE REDES SOCIAIS 150

CAPÍTULO 6 — E-MAIL MARKETING 159
    A RELEVÂNCIA DO E-MAIL MARKETING 159
    TIPOS DE E-MAIL MARKETING 162
    PLANEJAMENTO DE ENVIO DO E-MAIL MARKETING 166
    CRIANDO O E-MAIL IDEAL 172

CAPÍTULO 7 — MENTALIDADE DO PLANEJAMENTO 179
    DO QUE SÃO FEITOS OS OBJETIVOS? 179
    PLANEJAMENTO EM MARKETING DIGITAL: UM EXEMPLO PRÁTICO 185
    GERENCIAMENTO DE CRISE 194

NOVOS APRENDIZADOS, VELHOS VALORES 199

SOBRE O AUTOR 201
REFERÊNCIAS 203

INTRODUÇÃO

Não posso afirmar sua idade, mas arrisco dizer que você foi testemunha de uma grande transformação na sociedade. Uma transformação sem precedentes na história humana, que encurtou as distâncias entre povos e culturas e que ocorreu pela tela de um computador. A chamada Revolução Digital, fomentada pelos avanços tecnológicos na virada deste milênio, mudou, acima de tudo, a nossa forma de interagir com o outro. Se, antes, nossa comunicação era limitada pelo tempo e espaço, hoje tais barreiras são quebradas pela internet, que nos proporciona dois dos bens mais preciosos da vida moderna: a interatividade e a instantaneidade. On-line, todos estão imediatamente ao nosso alcance, e nós estamos ao alcance imediato de todos. O que isso significa para as ciências humanas é assunto para outro livro, mas o que representa em termos de marketing é, para nós, um universo de possibilidades.

Entender o que chamamos hoje de marketing digital implica compreender, antes de tudo, a própria definição de marketing, que consiste no conjunto de técnicas e estratégias voltadas às necessidades dos consumidores. O marketing digital é nada menos que a adaptação de tais recursos tradicionais à internet, onde sua abrangência é potencializada pelo contato direto com a audiência. Seu grande trunfo, porém, não está somente em seu alcance praticamente ilimitado. O marketing digital é um terreno fértil para toda e qualquer empresa ou profissional, da multinacional ao microempresário, pois oferece ferramentas inovadoras que permitem consolidar uma imagem ou uma marca perante o público, alavancando seus negócios.

A presente obra trata sobre como utilizar as ferramentas do marketing digital a seu favor. Proponho-me a explicar o passo a passo de uma sólida e frutífera exploração do marketing on-line, abrangendo o posicionamento de marca, as possibilidades do marketing de conteúdo, de busca, de redes sociais e de e-mail, o desenvolvimento de um plano de marketing digital e as estratégias de medição de resultados para a conquista de seus objetivos. Todos os capítulos são também pontuados por exemplos reais, eficientes ou falhos, das estratégias abordadas.

Você encontrará aqui uma leitura acolhedora e desinteressada no seu grau de experiência. Para os iniciantes, há sempre um mundo de descobertas empolgantes; para os experientes, algo novo a se aprender ou desaprender.

Espero, sinceramente, que você tire grande proveito deste trabalho, do qual sinto orgulho. Uma ótima leitura e... Aos negócios!

CAPÍTULO 1
O MARKETING NA ATUALIDADE

UM MEIO EM TRANSFORMAÇÃO

No dia 23 de abril de 1985, a The Coca-Cola Company fez o impensável: mudou a fórmula do refrigerante mais vendido no mundo (*The New York Times*, 1985; ALUX, 2016). A New Coke, como foi chamada a nova versão da Coca-Cola, foi criada em razão dos avanços da principal concorrente, a Pepsi, e tinha um sabor mais adocicado e suave, chegando ao mercado acompanhada de uma campanha publicitária à altura de uma marca que acumulava noventa e nove anos de êxitos. No começo, as boas vendas prenunciaram o sucesso da estratégia, mas não demorou para a "ficha cair" para o público. E a reação não foi nada boa. Mais de mil e quinhentas ligações de consumidores transtornados passaram a congestionar diariamente as linhas telefônicas da companhia, que ainda lidou com montanhas de cartas pouco elogiosas chegando à sua sede na cidade de Atlanta, nos Estados Unidos. Os ânimos se exaltaram a tal ponto que houve até quem ameaçasse abrir um processo contra a empresa para que a "boa e velha" Coca-Cola voltasse às prateleiras. Setenta e nove dias e quarenta mil reclamações mais tarde (HAYS, 2005), a The Coca-Cola Company relançou a bebida original, que, no mesmo ano, bateu as vendas da New Coke; esta ainda ganharia um novo nome em 1990, Coke II, tornando-se um produto paralelo da marca até sua descontinuação, em 2002.

 A tática falha da Coca-Cola contra os avanços da Pepsi rendeu-nos um dos *cases* mais famosos da história do marketing. Há muito o que se aprender aqui, mas não cabe neste momento analisar a dimensão do estrago, sobretudo em termos de pesquisa de mercado, já que trataremos disso com mais atenção no próximo capítulo. Há outra questão fundamental por trás da minha opção de começar este livro com tamanho exemplo negativo. Seria para mostrar que até mesmo uma das companhias mais bem-sucedidas de todos os tempos está sujeita ao erro? Sim. Para provar que uma eficiente gestão de crise pode salvar uma marca de um apuro colossal? Também. Porém, mais do que tudo, o exemplo serve para que você se lembre e nunca mais esqueça: quando lidamos com marketing, lidamos com pessoas. Elas podem aparecer sob a forma de números, gráficos e símbolos, mas são, no fundo, seres humanos, que nem sempre gostam de mudanças e nutrem afeto por tudo aquilo que suscita boas sensações e lembranças, desde a comida da avó até o mais supérfluo dos bens, como uma Coca-Cola. Ao ignorar os sentimentos dos consumidores em relação à bebida e à marca, a The Coca-Cola Company quebrou um acordo tácito do produtor com o cliente: não só deixou de atender aos seus desejos e necessidades como tirou dele aquilo de que o convencera ser importante em sua vida. E com o compromisso advindo desse acordo não se brinca.

O MARKETING NA ATUALIDADE

O engajamento com o ser humano que carrega consigo o rótulo de "consumidor" está na ordem do dia quando se fala de marketing. Consumidores querem se sentir representados pelas marcas, desejam que suas visões de mundo e seus valores sejam refletidos por elas para que a satisfação causada pela aquisição de um bem ou serviço seja também espiritual (KOTLER, 2012). Isso se traduz na necessidade de um compromisso ainda mais profundo com o consumidor, que não mais se vê como mero usuário, mas colaborador das marcas pelo constante compartilhamento de suas percepções e experiências em relação a elas — algo sem precedentes na história do marketing, cujo desenrolar, marcado por transformações econômicas e sociais ao longo dos séculos, devemos conhecer para entender como chegamos até aqui.

Segundo Philip Kotler, um dos maiores expoentes do marketing da atualidade, a trajetória da área em questão pode ser dividida em quatro grandes fases. Na primeira, que ele denomina *Marketing 1.0*, o foco das atenções recaía sobre o produto, em detrimento do consumidor e sua satisfação. Trata-se de um raciocínio que encontrou seu auge na Europa da Revolução Industrial, entre os séculos XVIII e XIX. Na época, a produção em escala, de caráter padronizado para a redução de custos, supria a demanda das massas sem que houvesse qualquer preocupação de se oferecer um produto diferenciado, uma vez que, de forma geral, não havia concorrência para justificar tal estratégia. Tampouco se sustentava nesse período a ideia de gerar demanda entre os consumidores, uma vez que as precárias condições de vida da maior parte da população impossibilitavam o consumo de produtos que não fossem essenciais. Essa realidade, no entanto, se transforma a partir do século XX, sobretudo pela consolidação do sistema capitalista em várias partes do globo e pelo crescimento econômico no pós-guerra, isto é, a partir de 1945. Com a decorrente expansão da indústria e do comércio, a concorrência entre empresas na venda de produtos exigiu que elas adotassem estratégias distintas para não só atrair a clientela, mas também satisfazer seus desejos e necessidades. Tal mudança de abordagem, aliada à popularização dos novos meios de comunicação de forte apelo publicitário, como o rádio e a TV, inseriu o consumidor no centro das atenções, dotando-o de um poder de escolha inédito e instaurando a lógica do "freguês tem sempre razão" que caracteriza o *Marketing 2.0*. É nesse momento que o marketing também passa a exercer apelo emocional sobre os consumidores, criando o desejo da compra sem que haja a necessidade — algo que se tornaria ainda mais pronunciado no *Marketing 3.0*. Resultado da difusão mundial dos computadores pessoais e do *boom* da internet na virada do século XXI, essa nova fase do marketing compreende o relacionamento entre a marca e o cliente como seu mais importante eixo, bem como o comportamento do público consumidor, munidos da palavra e de seu forte impacto nas redes, uma vez que a possibilidade de interação virtual entre ambos passou a definir as políticas da primeira, agora centradas em criar conexões de maior apelo pessoal e emocional junto ao público e em transmitir valores de impacto mundial positivo, como a sustentabilidade.

Vivemos hoje a evolução desse marketing tão centrado na experiência do ser humano e em suas dinâmicas em relação

O MARKETING NA ATUALIDADE

à marca que os meios digitais já não podem ser dissociados desse contexto. Trata-se do *Marketing 4.0*, cujos princípios serão explorados ao longo das próximas páginas. Lidaremos com uma abordagem inovadora que busca direcionar o cliente desde o conhecimento da marca até sua defesa, mediante uma combinação de práticas tradicionais e digitais encabeçadas, sobretudo, por três elementos revolucionários: o Google, motor de busca que mudou a forma como as pessoas procuram por bens, serviços e informações; as redes sociais, onde as preferências pessoais dos indivíduos estão à disposição das marcas e a partir das quais os chamados influenciadores digitais têm o poder de as impulsionar, com alcance maior entre os jovens com relação a mídias tradicionais como a TV; e a economia compartilhada, modelo de consumo colaborativo norteado por empresas como Uber, iFood e Airbnb, que proporcionam acesso eventual a bens e serviços — uma alternativa mais acessível do que a aquisição definitiva de recursos.

Eis que a trajetória percorrida pelo marketing desde as primeiras relações comerciais nos leva a este exato momento, em que um novo mundo de táticas o aguarda. Assim, você poderá engrandecer sua marca aos moldes da era digital e estabelecer conexões sólidas com seu público, para que incidentes como o da Coca-Cola não mais se repitam. As águas pelas quais navegaremos podem até ser, em muitos aspectos, ainda inexploradas, mas a essência permanece a mesma: honrar o compromisso de satisfação com o ser humano a quem chamamos consumidor. Porém, antes que zarpemos, é essencial evocarmos um modelo há muito desenvolvido — e hoje atualizado —, mas cujos elementos ainda se estabelecem como os pilares do marketing: os quatro Ps.

OS QUATRO Ps DO MARKETING (OU SETE, PARA OS ÍNTIMOS)

Os quatro Ps, também conhecidos como Mix de Marketing, representam uma síntese de elementos a serem considerados em uma estratégia eficiente de marketing. Desenvolvidas pelo teórico norte-americano Jerome McCarthy nos anos 1960, essas quatro variáveis são utilizadas para influenciar a forma como os consumidores reagem aos produtos e serviços oferecidos por uma marca. São elas: **P**roduto (ou Serviço), **P**reço, **P**raça (ou Distribuição) e **P**romoção (ou Comunicação). Abordaremos a seguir cada uma dessas atividades para que você domine suas noções e aprenda desde já a articulá-las a seu favor.

Produto

Trata-se, como sugere o próprio nome, do produto ou serviço oferecido ao mercado, bem como os materiais e ferramentas utilizados em sua criação. Qual o tipo de produto que o meu público-alvo deseja comprar? Quais ferramentas de pesquisa devo utilizar para acertar no alvo e criar um produto campeão de vendas? Com quais concorrentes devo comparar o meu produto a fim de saber os diferenciais que devo adotar à procura de aumentar as chances dele no mercado? Essas são apenas algumas das inúmeras perguntas que devem ser respondidas para que o êxito seja alcançado de maneira consciente, e não como fruto do acaso.

Quais são os benefícios desejados pelo consumidor quando ele compra um produto? O que escolher em termos de matéria-prima, acabamento, marca, embalagem, estilo, características, instalação, garantia, logotipo, atributos, benefícios, valores, cultura ou personalidade? Há um mundo de variáveis a serem definidas neste âmbito, que de nada servirão se não atenderem às expectativas de qualidade ou à demanda dos consumidores.

Preço

É o valor pago pelos benefícios advindos da compra ou uso de um produto ou serviço. As estratégias de precificação são essenciais em um plano de marketing, e sua aplicação exige resposta às seguintes perguntas: qual é o valor da solução que você oferecerá ao seu cliente em termos de produto ou serviço? Quão variável será seu valor em diferentes setores de distribuição? Será oferecido um preço diferenciado a segmentos distintos de clientela, como a que integra programas de fidelidade? Quanto a concorrência cobra por um produto ou serviço similar?

Outro ponto primordial acerca da precificação refere-se à importância de fugir do senso comum. Um exemplo clássico está na ideia convicta de que oferecer um preço menor do que o dos concorrentes para obter boas vendas iniciais seja a melhor opção; tal pensamento, afinal, desconsidera que a percepção de qualidade de um produto muitas vezes está atrelada ao seu preço.

Entre as principais finalidades das estratégias de precificação estão o retorno sobre os investimentos, a participação de mercado, a maximização dos lucros no curto ou longo prazo e o desencorajamento da concorrência.

Praça

A categoria Praça, ou Distribuição, engloba as estratégias de planejamento de produção, previsões de venda, dimensionamento da área de armazenagem compatível com o volume de produção, entrada e saída de produtos, controle de pedidos, operação logística capaz de realizar entregas de acordo com o prazo estipulado por distribuidores e varejistas, condução de negociações comerciais que viabilizem a disponibilidade de produtos nos pontos de venda de acordo com a abrangência de mercado escolhida e ações que garantam boa visibilidade nas prateleiras. Também integram essas estratégias os canais de marketing — formados por pessoas ou organizações independentes que uma empresa utiliza para vender seus produtos e/ou serviços, bem como para interagir com seus consumidores —, que têm se tornado a engrenagem principal desse sistema ao conectar a produção ao consumo. Empresas de serviços, por sua vez, também lançam mão de canais de marketing, a exemplo das agências de viagens e e-commerce que oferecem reservas de hotéis e dos aplicativos de transporte que funcionam como intermediários entre passageiros e motoristas.

Promoção

A categoria Promoção, ou Comunicação, tem como principal missão gerar demanda pelos produtos e serviços por meio de uma estratégia eficaz de propaganda, que é a transmissão de uma mensagem dirigida ao público-alvo do produtor, veiculada em meios de comunicação de massa ou dirigidos, como jornais, revistas, televisão e internet, com o objetivo de divulgar a marca e estimular a compra do produto ou serviço. Uma estratégia efetiva nesta esfera deve considerar, sobretudo, onde está seu público-alvo, uma vez que as táticas de promoção usadas em dispositivos móveis diferem das aplicadas em mídias tradicionais. Deve considerar também quais empecilhos o impedem de abranger determinados grupos de pessoas, quais épocas são favoráveis à promoção de seus produtos ou serviços e como a concorrência desenvolve suas próprias estratégias de comunicação.

Além da propaganda, fazem parte da comunicação a promoção de vendas, o merchandising, o marketing direto, o atendimento ao cliente, a assessoria de imprensa, a embalagem e as vendas pessoais.

• • ● ● •

O conceito dos quatro Ps como base de toda estratégia de marketing mantém-se consistente mesmo diante das transformações vividas nos últimos anos com os meios digitais. No entanto, diante da necessidade de considerar aspectos tornados possíveis a partir do *Marketing 3.0*, como a atenção às necessidades do consumidor, Philip Kotler apresentou um "adendo" à teoria dos quatro Ps, incluindo três novas categorias: **Pessoas**, **Processos** e **Percepção**. Elas assim se definem:

Pessoas

A categoria engloba a equipe de pessoas que atuam para sua marca. Uma experiência positiva do cliente só é plena quando você lhe oferece atendimento e suporte de alta qualidade, os quais resultam em boa propaganda por parte dos consumidores satisfeitos frente aos consumidores em potencial. Não há, portanto, negócio que se sustente sem incluir uma equipe bem formada e desenvolvida em termos de habilidades nas áreas de criação, vendas e atendimento, as quais terão influência direta na experiência dos consumidores e contribuirão para que sua marca tenha uma boa imagem pública.

Processos

Na era do marketing de relacionamento, tornou-se imperativo não só atender aos desejos e necessidades dos consumidores, mas descobrir seus gostos e hábitos. Deste modo, torna-se possível elaborar estratégias que atinjam seu emocional e potencializem sua experiência desde o momento da compra do produto ou serviço até o pós-venda. Assim, práticas como a pesquisa de mercado e a análise de dados adquirem grande importância, pois permitem identificar as características das pessoas que consomem os produtos e serviços da marca, de modo a torná-las estreitamente conectadas a ela e a proporcionar aos consumidores um alto padrão de serviço, cujo bom planejamento economiza tempo e dinheiro para ambos os lados em todos os processos.

Percepção

A categoria Percepção engloba as impressões e expectativas dos clientes em relação à sua marca e as práticas adotadas para que eles tenham uma noção tangível da qualidade relacionada ao produto ou serviço oferecido pelo produtor. Isso demanda, sobretudo, estratégias de apelo visual padronizadas nos espaços da marca, a exemplo do design, das cores e dos móveis. Também se inclui nessa categoria a disponibilização de facilidades, como estacionamento e Wi-Fi gratuito, de modo que o consumidor identifique de imediato a natureza daquele ambiente e desfrute da mesma experiência onde quer que esteja, sempre com o objetivo de fomentar fidelização. Tais estratégias de ordem visual também se aplicam na esfera virtual em lojas virtuais e blogs.

• • • • •

Eis um olhar renovado sobre as engrenagens que movem o marketing na atualidade. Centradas no ato de olhar e ouvir as necessidades e desejos das pessoas, elas devem ser apreendidas por aqueles ainda no início de sua jornada no marketing e atualizadas na mente daqueles que estão há muito nessa estrada tão cheia de mudanças, sobretudo no novo milênio. Com a mente aberta para um novo mundo de conceitos, de clientes e de possibilidades para sua imagem ou marca, podemos enfim explorar o reino do marketing digital.

FUNDAMENTOS DO MARKETING DIGITAL

Marketing digital é, na sua definição mais simples, a aplicação dos conceitos tradicionais do marketing nas ferramentas digitais que se popularizaram com o avanço da internet. Por meio do uso de canais virtuais, como sites, blogs, mídias sociais e motores de busca, as marcas se propõem a divulgar seus produtos ou serviços e a interagir com os clientes, à procura de encontrar soluções capazes de atender a seus desejos e necessidades.

O que essa definição não deixa tão claro, embora seja uma das características fundamentais dessa nova abordagem do marketing, é que qualquer pessoa ou entidade está apta a lançar mão de suas estratégias, seja para consolidar sua imagem, seja para alavancar seus negócios. Você é nutricionista e deseja divulgar sua marca com um método inovador de emagrecimento saudável? É professor de inglês e gostaria de comercializar suas aulas pela internet? É dono de uma pequena floricultura e quer, em sua loja virtual no Instagram, resgatar o romantismo da entrega de flores para aumentar suas vendas? Independentemente da natureza de sua marca ou de sua posição no mercado, o marketing digital está à sua disposição para conduzi-lo ao sucesso, desde que você saiba no que ele se baseia, quais são as suas principais ferramentas e como é possível utilizá-las da maneira mais proveitosa. Esses dois últimos aspectos você aprenderá ao longo deste livro; já a essência do marketing digital pode ser entendida em quatro fundamentos:

1. **INTERAGIR**

    Se não há relacionamento com o cliente, não há marketing digital. Para que uma pessoa ou entidade estabeleça sua marca, ela deve não só oferecer diversos canais de contato ao público, mas estudar seus gostos, desejos e necessidades para que os consumidores tirem proveito dos diálogos estabelecidos e sintam-se tratados de forma diferenciada em relação às outras marcas. Lembre-se: o consumidor quer a sua atenção, e é seu dever dispô-la de maneira consistente e agradável.

2. **AGILIZAR**

    Você se lembra de quando dissemos, na introdução, que dois dos bens mais preciosos da vida moderna são a interatividade e a instantaneidade? Esclarecida a importância da primeira para o marketing digital, explicamos a segunda: o mundo não pode esperar. Com a tecnologia evoluindo dia após dia e os clientes incorporando rapidamente as inovações digitais, devemos ser rápidos não só na entrega de soluções para os clientes, mas também para antecipar as expectativas do público, sobretudo por meio da análise de dados.

3. **INDIVIDUALIZAR**

    Quem é o seu cliente? Não estamos falando de público-alvo, faixa etária ou gênero, mas daquele perfil ideal com o qual sua marca é capaz de se identificar. A esse perfil chamamos persona. Onde sua persona mora? Que roupas usa? Quais são as suas expectativas para o futuro? Quem são os seus amigos? Ao responder a essas perguntas e criar a "pessoa ideal" que consumiria seus produtos ou serviços, você é capaz de elaborar com maior eficiência estratégias de marketing que considerem os aspectos subjetivos do consumidor-alvo e, consequentemente, se encaixem no público que se deseja atingir.

4. **MENSURAR**
Uma das maiores dádivas proporcionadas pelo marketing digital é a possibilidade de medir os resultados de suas estratégias em tempo real mediante o uso de métricas. Graças às métricas, é possível identificar quais ações geram resultados satisfatórios e quais causam impacto negativo, o que dá à marca tempo hábil para mudar o rumo de sua abordagem. Se houvesse marketing digital nos tempos da New Coke, a história certamente teria sido outra — ou, pelo menos, mais curta.

Tais fundamentos são bastante claros em um ponto: o marketing digital veio para ficar e transformar a maneira como conquistamos clientes e vendemos nossos produtos e serviços. No entanto, como nem só de fundamentos vive esse marketing de constantes inovações, cabe-nos identificar as suas principais ferramentas, as quais dispõem de capítulos específicos para seu estudo e aplicação:

- **Posicionamento on-line de marca**
Refere-se à maneira como você deseja ser reconhecido pelos seus consumidores. Você quer que sua marca transpareça modernidade? Segurança? Ou, talvez, riqueza? Aqui, é possível mexer os pauzinhos para que você conquiste um lugar especial na cabeça de sua clientela;

- **Marketing de conteúdo**
Trata-se de um meio de engajamento que se utiliza da criação e distribuição de conteúdo capaz de informar, divertir,

emocionar e agregar valor ao público-alvo, a fim de se gerar um retorno positivo para a imagem de sua marca e alavancar seus negócios;

- **Marketing de busca**
Quer aparecer na primeira página do Google? O caminho das pedras está aqui. É, afinal, no marketing de busca que você encontra as possibilidades de maior exposição virtual mediante estratégias como o SEO[1] e links patrocinados;

- **Marketing de redes sociais**
As pessoas, no geral, têm uma boa experiência em redes sociais quando atuam como meras usuárias. Porém, trabalhar as redes sociais com objetivos profissionais é outra história. Trataremos do seu uso adequado e proveitoso no respectivo capítulo, bem como das principais estratégias de marketing em redes sociais;

- **E-mail marketing**
É a utilização do e-mail em campanhas de marketing digital com o objetivo de atrair consumidores, gerar vendas e reter clientes atuais. Não, o e-mail não está morto, e estamos seguros de que você concordará com isso quando ler o capítulo a respeito.

---

[1] SEO, sigla em inglês para "otimização para sites de busca", é um conjunto de técnicas e ferramentas que permite, por meio de textos e seleção de palavras-chave, conferir um posicionamento melhor da sua marca na internet.

Nosso trabalho ainda se estenderá para a importância da mentalidade do planejamento, que nada mais é do que uma abordagem organizacional que visa ao cumprimento de seus objetivos em marketing digital. A razão de ser deste livro é, sobretudo, oferecer um caminho simples e sistematizado, sem que você precise se tornar um expert no assunto. Você deverá ser muito seletivo ao escolher os canais e ferramentas ideais que o ajudarão a atingir os seus propósitos. A regra básica é: comece devagar e trabalhe o marketing digital de maneira constante e uniforme, acelerando à medida que colher os resultados. Não tente abraçar o mundo, tampouco se assuste com o que não compreender; todos nós ainda estamos absorvendo o que há de novo — à exceção da New Coke —, e o novo não para de surgir. Abra sua Coca-Cola, acompanhe-nos e não fique para trás.

CAPÍTULO 2
UMA MARCA PARA CHAMAR DE SUA

A IMPORTÂNCIA DO *BRANDING*

Pergunte aos seus pais, avós ou outras pessoas de mais idade o que significava usar sandálias Havaianas algumas décadas atrás. Certamente você verá um sorrisinho de canto de boca, geralmente acompanhado daquela desdenhosa pergunta: "As legítimas?". Então, ouça as mais diferentes experiências pessoais sobre a marca, unidas por uma só conclusão: Havaianas era uma marca associada à falta de elegância, um produto feito para as classes mais populares.

O que aconteceu de lá para cá? Pois, atualmente, a marca é objeto de desejo dentro e fora do país, com peças assinadas pela grife Valentino e vendas em cento e dezessete países, incluindo os Estados Unidos, a França e a Itália (*Exame*, 2019). Para respondermos, temos que voltar ao ano de 1994, quando a Havaianas traçou o caminho de seu atual prestígio por meio de um conjunto de estratégias a que chamamos de *branding* — ou, em bom português, gestão de marca.

Do seu lançamento, em 1962, até 1994, a Havaianas oferecia apenas um produto: uma sandália de borracha de palmilha branca, com opções de tiras amarelas, azuis e pretas.

A simplicidade do modelo e o preço acessível atraíam um público-alvo de baixa renda, embora a classe média não se furtasse ao uso, com a condição de limitá-lo ao ambiente doméstico. Afinal, o apelo popular da marca vinha acompanhado de sua associação à "pobreza" — um estigma que fazia a classe média envergonhar-se de usar as sandálias em público. A companhia via-se, portanto, em um dilema: agregar valor à marca, livrando-a da imagem popularesca alimentada, ou manter sua essência popular? A solução, como se viu a partir de 1994, foi unir os dois mundos. Com estratégias como o lançamento da linha Top, que trazia quarenta opções de cores para as sandálias e preços mais elevados, e investimento em comerciais irreverentes, em que celebridades ostentavam suas Havaianas nos mais diferentes espaços, além da adoção de valores como a criatividade e a descontração, típicos da identidade brasileira, a marca alcançou o feito excepcional de agregar públicos-alvo distintos — "pobres" e "ricos" — sob a bandeira do DNA nacional e o respaldo de seu novo slogan: "Todo mundo usa". E foi a exploração desse caráter agregador que catapultou a marca ao seu atual patamar de "símbolo brasileiro", detentora de 85% do mercado de sandálias de borracha (*Exame*, 2019) com uma oferta de produtos que varia dos mais acessíveis aos personalizados com cristais Swarovski, que atingem a casa das centenas de reais.

Entender o *case* da Havaianas é compreender o poder de desenvolvimento ou reinvenção de uma marca por meio do *branding*. Em termos simples, podemos descrever o *branding* como um método de relacionar emoções, sentimentos e atributos a uma marca com o objetivo de fixá-la e torná-la desejável na mente dos clientes, fortalecendo-a. É a gestão de marca que exerce influência no momento de aquisição de um bem ou serviço, porque pessoas — como o exemplo da Coca-Cola tão bem demonstrou — criam ligações emocionais com as marcas e dispõem-se a pagar mais por elas caso acreditem nos princípios que elas incorporam. E isso nos leva de volta à Havaianas. Se antes os produtos da marca eram subvalorizados, as estratégias de *branding* pautadas em incutir nos consumidores a ideia de pertencimento pela brasilidade tornaram-nos desejáveis. O público havia comprado a ideia de que usar Havaianas era assumir-se **brasileiro** e, como dita o estereótipo, **irreverente** — mesmo que isso significasse pagar mais por um produto que se mantinha basicamente o mesmo. Esses valores adquiridos e transmitidos por uma marca, capazes de estreitar a relação com o consumidor no âmbito emocional, representam a diferença entre levar para casa um par qualquer de sandálias de borracha ou um par de Havaianas — ou a Coca-Cola original no lugar da New Coke.

Entretanto, de nada adianta você conceber um plano de *branding* sem antes delinear sua marca com clareza, e isso vale tanto para as multinacionais quanto para o profissional liberal, cuja marca é a própria imagem. Mais do que o logotipo ou o próprio produto/serviço ofertado, a marca abrange todos os atributos, vantagens, experiências e cultura referentes ao seu negócio, bem como seu propósito e compromisso diante dos consumidores e da sociedade como um todo. Quanto mais bem estruturada é a gestão de marca, mais ela se situa sob uma luz positiva na mente dos consumidores, que não só reconhecem seus valores positivos como desejam adquiri-los, levando-os assim ao almejado ato da compra. Definir-se é, portanto, o primeiro passo na estratégia de posicionamento ou reposicionamento de marca a ser descrito nas próximas páginas. Essa estratégia lhe fornecerá as ferramentas para que, junto ao entendimento de sua concorrência, de seus consumidores e do planejamento da identidade visual de sua marca, você possa garantir a esta última o que ela precisa para se fortalecer.

POSICIONAMENTO DE MARCA

O que vem à sua cabeça quando menciono a marca Dove? Como não posso ouvir seus pensamentos, falarei por mim: penso, em primeiro lugar, em limpeza. Lembro do seu sabonete branco arredondado com uma pomba em posição de voo. Lembro das cores branca e azul de seus produtos e do aroma agradável pós-banho. Penso em suavidade e beleza, penso em mulheres — não as modelos loiras e magérrimas das passarelas, mas nas belas mulheres do "mundo real", em suas mais diferentes formas e cores. Sei que, se estivesse agora no mercado e minha esposa ligasse pedindo sabonetes, Dove seria a marca que eu procuraria no corredor dos produtos de higiene e cosméticos, porque de alguma forma sei que a marca carrega consigo uma série de atributos positivos que ofusca as demais, que gritam por atenção com suas cores e logos.

Todos esses pensamentos favoráveis em relação à Dove não ocorrem por acaso. Há por trás deles as engrenagens de um bem-sucedido posicionamento de marca, que insere na mente dos consumidores uma série de impressões, experiências e associações positivas. Não se trata, porém, de uma abordagem unilateral, que coloca o público em uma posição passiva. O sucesso da estratégia depende da forma como você concilia os anseios das pessoas àquilo que sua marca proporciona, o que demanda paciência, comprometimento e tempo. Há de se ter foco e objetivos claros quando o assunto é fazer sua marca ecoar de maneira positiva na cabeça do consumidor em meio às inúmeras outras que disputam sua atenção.

O guia a seguir é para você, profissional liberal ou dono de uma pequena empresa. Que imagem você quer passar aos seus clientes? O que quer que eles pensem ao se lembrarem de você? Para responder a essas perguntas, você deve desvendar questões como o seu diferencial, seus valores e quais caminhos inexplorados pela concorrência são possíveis de se trilhar. E, como dissemos anteriormente, começamos olhando para nós mesmos.

CONHECE-TE A TI MESMO

Todo profissional liberal ou negócio deve ser claro quanto à sua razão de ser; do contrário, sua marca nascerá fragilizada. Afinal, se você não sabe dizer a que veio, como poderá resolver as dores de seu consumidor ou mesmo fazê-lo desejar algo que ele ainda não sabe que quer? Fuja de definições do gênero "sou o nutricionista Bruno Duarte e faço dietas" ou "a Maria Bonita é uma loja virtual de moda feminina". Qualquer nutricionista faz dietas e qualquer loja pode se aventurar a vender roupas para mulheres. O que queremos aqui é identificar o seu propósito maior, aquele que o tira da cama todas as manhãs, aquilo que é passível de evoluir conforme você adquire experiência e maturidade. A isso chamamos **Missão.** Vejamos agora como podemos aprimorar as definições:

A. Sou o nutricionista Bruno Duarte e faço dietas adaptadas às diferentes necessidades e estilos de vida das pessoas, com o objetivo de contribuir para sua saúde e estética.

B. A Maria Bonita é uma loja virtual de moda feminina que busca aumentar a autoestima da clientela ao trazer as melhores tendências da passarela para mulheres de todos os tamanhos.

Percebeu a diferença? Não se trata mais de fazer dietas, mas de mudar o corpo e melhorar a saúde da clientela. Tampouco temos uma loja virtual que meramente vende roupas, mas uma empresa que foca na autoestima da consumidora, independentemente de seu peso. Você deve encontrar, portanto, o bem intangível proporcionado por seu produto ou serviço. E, assim que identificá-lo como sua missão, como sua razão de ser, você proverá uma base firme à sua marca. Agora, é a sua vez. Tente, em poucas linhas, definir a sua missão:

_____
_____
_____
_____

Uma vez estabelecida a sua missão, é preciso definir a **visão** de sua marca, isto é, até onde você quer chegar com seu negócio em um futuro não tão distante, de modo que todas as suas estratégias sejam pautadas por essa meta. Não estamos falando de objetivos do tipo "enriquecer" ou "agradar gregos e troianos"; negócios tendem a visar ao lucro, e aqueles que desejam abraçar o mundo acabam por não abraçar ninguém. Aqui, tanto quanto na definição da missão, é preciso delinear com clareza e especificidade o que deve estar no horizonte do seu negócio pelos próximos anos. Retomemos os exemplos **A** e **B** para ilustração:

A. Tornar-me uma referência para as pessoas que desejam alimentar-se de forma saudável e alcançar o físico dos seus sonhos.

B. Ser a melhor loja de roupas femininas do Brasil, abraçando as diferentes formas da mulher brasileira.

Como nos exemplos **A** e **B,** não tema os objetivos grandiosos. Como se diz entre os falantes da língua inglesa: *Shoot for the moon; even if you miss it, you will land among the stars.*[2] Mesmo que você não se torne, de fato, o melhor, certamente fará por merecer se tomar tal objetivo como referência em cada planejamento estratégico — e, por consequência, trilhará o caminho do sucesso. Objetivos modestos não fomentam uma cultura visionária dentro de um negócio; pense grande

---
2 Em tradução livre: "Mire na lua; mesmo se você errar, pousará entre as estrelas."

e faça com que a sua marca atinja a altura de sua visão. Tente você, agora:

_____
_____
_____
_____

Definidas a missão e a visão de sua marca, é preciso esclarecer o que a torna diferente das demais. É neste ponto que chegamos ao **diferencial**. Cada negócio é único e capaz de proporcionar algo que os demais não fazem melhor, e cabe à sua marca lembrar os consumidores dessa singularidade, que pode representar o fator determinante de sua escolha em detrimento das demais. Você deve oferecer algo de diferente, seja no produto ou serviço, seja na experiência que propicia ao público. Pense na Apple. A marca oferece mais do que produtos tecnológicos; oferece peças de design sofisticado. Adicionalmente, proporciona uma experiência de uso acessível e bastante apreciada, vide produtos como o iPhone e o iPad, itens de preço mais elevado em relação a dispositivos similares do mercado — o que contribui para conferir status a quem os possui.

No entanto, o diferencial não precisa estar necessariamente atrelado ao produto ou serviço. É o caso da Starbucks. As cafeterias da marca não focam na experiência oferecida pelos produtos em si, mas na experiência de modo geral. Cada cliente tem seu nome escrito nos copos das bebidas e o ambiente das lojas é descontraído, especialmente para os jovens, que em suas mesas e sofás trabalham em notebooks e se encontram com amigos. Vejamos agora como esse conceito se aplica aos exemplos **A** e **B**:

A. O método de Bruno Duarte propõe dietas personalizadas para otimizar os resultados em seu corpo, de modo que você atinja seus objetivos mais rapidamente.

B. A Maria Bonita reconhece a diversidade da mulher brasileira com seu repertório de peças que vão do PP ao *plus size*, além de contar com consultoras virtuais que auxiliam as clientes a criar os melhores *looks* de acordo com as últimas tendências da moda.

Em um mundo em que novas dietas malucas surgem a cada dia e muitos profissionais da nutrição pouco se atêm às características particulares de seus pacientes, a dieta personalizada do exemplo **A** se torna o "pulo do gato" da marca. Afinal, quem não gostaria de adotar uma alimentação saudável elaborada de acordo com fatores como genética e gostos pessoais, com a possibilidade de alcance rápido de resultados em consequência dessa customização? Não menos favorável é a experiência oferecida pelo exemplo **B**. Usuárias do tamanho *plus size* podem relatar com propriedade as agruras para encontrar roupas da moda. Como a marca Maria Bonita as torna parte fundamental de seu público, com seu discurso sobre a diversidade, não só as insere no universo muitas vezes excludente da moda como ajuda a elevar sua autoestima. Mas o diferencial da marca vai além: com suas "consultoras virtuais", a Maria Bonita enriquece a experiência de compra ao capacitar suas clientes com noções de moda e estilo.

Pense agora no diferencial de sua marca, fazendo uma reflexão fundamental: meu diferencial fará a diferença para o público? Ou é apenas algo superficial que não tornará a vida de ninguém melhor ou mais prática? Tenho realmente o que é preciso para o consumidor dizer: "Eu quero você por tal razão"? Com essas considerações em mente, coloque seu diferencial na ponta do lápis:

_____
_____
_____
_____
_____

Agora que você estabeleceu a missão, a visão e o diferencial de sua marca, é hora de definir a sua essência, isto é, o conjunto de princípios que devem ser impressos na mente do consumidor para que ele estabeleça uma conexão emocional com a sua marca. Esses princípios são chamados de **valores**. Pense outra vez na Havaianas. Sua versatilidade, irreverência e senso de inclusão tornaram-se a alma da marca, sendo disseminados dos produtos às propagandas, e são esses os valores que surgem em nossa mente quando pensamos nela.

Mas não basta estabelecer valores para uma marca, é preciso exercê-los. Se você cobra preços astronômicos por seus produtos ou serviços, sua marca não pode se dizer "para todos"; se não há peças *plus size* em seu estoque, também não há sentido em sua marca se declarar "inclusiva". Tampouco adianta dançar conforme a música: valores não podem ser consolidados da noite para o dia e alterados conforme a conveniência, pois sua credibilidade depende do tempo e de sua constante manutenção. Mais importante, porém, é lembrar o que dissemos ainda no início do primeiro capítulo: a consolidação de sua marca depende do engajamento emocional das pessoas com os valores por ela expressos, que tornam o sabor de um refrigerante familiar demais para ser modificado ou sandálias de borracha símbolos de brasilidade. Vejamos, então, os valores estabelecidos pelos exemplos **A** e **B**:

A. Saúde; Bem-estar; Autoestima; Beleza; Qualidade de vida; Responsabilidade; Respeito ao paciente; Autodisciplina; Satisfação.

B. Autoestima; Felicidade; Confiança; Beleza; Diversidade; Empoderamento; Estilo; Compromisso.

Ambas as marcas apresentam valores que se convertem em benefícios tangíveis e intangíveis para o público. Os pacientes do nutricionista Bruno Duarte podem **transformar** seu corpo e sua saúde por meio de uma alimentação adequada, enquanto as clientes da loja Maria Bonita podem **vestir** peças da moda, pouco importando o seu biotipo. Porém, o que os clientes podem esperar de ambas as marcas está além do produto ou serviço em si, como a promessa de autoestima e beleza. E são esses os valores que se fixarão na mente do consumidor.

Agora é com você. Pense no que você gostaria que seus clientes associassem à sua marca. Caso sinta dificuldade, pense nas marcas e nas pessoas que o inspiram. Quando tiver uma lista de valores à sua frente, escolha aqueles que considera mais importantes para você e seu público. E, acima de tudo, seja fiel a eles, para que seus clientes acreditem na sua marca:

_____
_____
_____
_____
_____

Com a **missão**, a **visão**, o **diferencial** e os **valores** esclarecidos e bem articulados entre si, você estará apto a executar as estratégias de marketing que o auxiliarão a consolidar a sua marca na mente do público. Mas não basta criar a marca dos sonhos se a sua concorrência entrega as mesmas coisas por um preço menor. O sucesso do seu posicionamento, como veremos a seguir, também depende do conhecimento de quem são seus concorrentes, dos espaços ainda inexplorados por eles e, acima de tudo, da sua capacidade de superá-los.

A GRAMA DO VIZINHO

Posicionar sua marca é travar uma guerra contra as empresas e empreendedores que já estão mundo afora conquistando os consumidores. Se você não souber quem são seus adversários e como analisar suas estratégias, será deixado para trás.

Analisar sua concorrência pode parecer coisa de "vizinho invejoso" e, de certa forma, é. Você deve, afinal de contas, reparar no que eles vendem, como tratam os consumidores e de que maneira lidam com os erros — tudo com a nobre intenção de assimilar as suas características positivas e antever problemas que, se não aprender a evitar por observação, aprenderá a duras penas na própria pele.

Durante a pesquisa das marcas concorrentes, é comum que você se dê conta de que não está trazendo algo necessariamente novo ao mercado ou que seu principal concorrente parece imbatível em todos os quesitos. Não se deixe levar por tais conclusões. Nem todas as marcas inventam a roda, e não há nada de mau nisso; o que importa é o que você pode oferecer de **melhor**. Quantos às marcas "poderosas", sempre há nelas um ponto mediano que você pode explorar a seu favor. Determinada marca pode ter ótimos produtos, campanhas de marketing geniais e uma logística notável, mas um atendimento ao cliente não tão extraordinário — e é aí que você entra, tendo como meta oferecer todas essas vantagens e o melhor atendimento.

Outro ponto importante é ter em mente que sua concorrência pode ser menos óbvia do que você imagina. A Coca-Cola não tem como rivais apenas outras marcas de refrigerante, mas também nutricionistas como Bruno Duarte, que, por sua vez, disputam a atenção do público com redes de fast-food e supermercados lotados de comida congelada. Para detectar todos os seus concorrentes, é preciso pensar fora da caixa; para superá-los, uma das saídas mais consistentes é investir em campanhas de marketing de conteúdo, que estudaremos no próximo capítulo.

Sua missão agora é criar uma lista com cerca de cinco marcas que sejam suas concorrentes diretas e indiretas, sob a condição de que todas tenham uma boa avaliação da clientela. Para afunilar seus resultados e chegar a esse número, investigue nas redes sociais o sucesso das marcas entre os consumidores ou consulte seus próprios clientes mediante uma pesquisa de mercado, recurso que aprenderemos a usar no subcapítulo seguinte por meio da plataforma Formulários Google. Uma vez selecionadas as marcas, coloque no papel as respostas para as seguintes perguntas:

1) **As marcas concorrentes anunciam missões, visões, diferenciais e valores? Se sim, quais são eles?**
2) **O que os clientes falam sobre os produtos ou serviços dessas marcas?**
3) **Como você avalia a comunicação e o atendimento ao cliente que elas oferecem?**
4) **Quais são os pontos fortes das marcas?**
5) **Quais são os seus pontos fracos?**
6) **O que você faria melhor em relação à concorrência?**

Esse exercício permitirá que você posicione sua marca com a confiança de que está oferecendo não só benefícios já consolidados, mas também possibilidades que os concorrentes falham em oferecer. A tática é igualmente válida para o reposicionamento de marca, pois, a exemplo do *case* da Havaianas, ela possibilita que se alcance um novo lugar no mercado por meio do aprimoramento ou da mudança de estratégias problemáticas.

Com a concorrência devidamente esquadrinhada, podemos enfim abordar o elo fundamental da gestão de marca: os clientes.

OS CLIENTES IDEAIS, OU COMO CRIAR PERSONAS

Você sabe quem é, até onde quer chegar, quais são os seus valores e quem são os seus concorrentes. Porém, para alavancar os seus negócios e fortalecer a sua marca, é fundamental que saiba quem são as pessoas em busca ou à espera do que você oferece. Você não é um feirante à procura de fregueses no grito, mas um empreendedor ciente de que "atirar" nas pessoas certas é melhor do que atirar em todas as direções. Não se trata apenas de saber quem é seu público-alvo, termo que pode soar muito vago hoje em dia, sobretudo no marketing digital, mas de conhecer perfis de clientes.

Voltemos aos exemplos do nutricionista e da loja de roupas femininas trabalhados anteriormente. Se você refletir a respeito da clientela hipotética de ambos, sem usar nenhuma ferramenta senão a própria lógica, poderá deduzir que o público em busca dos serviços de Bruno Duarte envolve, sobretudo, homens e mulheres insatisfeitos com o próprio peso, atletas que desejam potencializar sua performance com uma alimentação saudável e gestantes que buscam uma nutrição adequada "para dois", enquanto o público da Maria Bonita engloba mulheres dentro e fora dos padrões estéticos que desejam e que têm em comum o fato de vestirem roupas da moda e se interessarem em combinar peças almejando a criação de visuais estilosos. Assim, em um nível elementar, você tem o conhecimento de quem é o seu cliente — conhecimento que pode e deve ser aprimorado por meio da criação de personas. Dedicamos as próximas páginas a essa ideia, que é muito importante para a otimização da gestão de marca e, consequentemente, das ações de marketing digital.

SOBRE A IMPORTÂNCIA DAS PERSONAS

Pode-se chamar a New Coke de uma porção de coisas — "fiasco" é o termo mais frequente —, mas nunca de aposta. Apostas são ações que realizamos sem ter ideia das consequências, e a The Coca-Cola Company, por décadas uma gigante das campanhas de marketing, não teria dado um salto no escuro, sem a segurança de que seu público a acolheria. O lançamento da New Coke foi, portanto, precedido de uma pesquisa de mercado, que buscou descobrir se as pessoas apreciariam a nova fórmula da bebida. Nessa pesquisa, 60% do público aprovou o novo sabor, e a Coca-Cola interpretou esse número como um sinal verde para a mudança de seu principal produto. Mas, como a empresa viria a descobrir em breve, quando o fator emocional não é levado em conta no marketing, a racionalidade dos números pode ser enganadora.

Perguntar a uma pessoa se o sabor da New Coke é melhor que o da bebida original é uma coisa; perguntar se ela abre mão da antiga Coca-Cola em favor da nova fórmula é algo completamente diferente. Nesse caso, ignora-se a ligação afetiva que o consumidor estabelece com a marca, o que equivale a perguntar: "Você quer o trocar que conhece, que aprendeu a gostar e que está presente tanto no seu dia a dia quanto nos momentos de celebração, como o Natal, por algo novo?". É esse apego emocional por parte dos consumidores que gera valor simbólico aos produtos, a ponto de torná-los, como é o caso da Coca-Cola, símbolos de uma cultura. Daí a importância de uma pesquisa de mercado que leve em conta essas nuanças, e cuja análise se estenda para além dos dados, à primeira vista, óbvios. Tivesse a companhia considerado o valor simbólico da Coca-Cola clássica conjuntamente aos números de aprovação da New Coke, talvez unisse o melhor dos dois mundos lançando a nova fórmula como um produto à parte — como de fato ocorreria cinco anos mais tarde —, respeitando tanto o gosto do público pela novidade como sua conexão emocional com o produto tradicional. Afinal, quanto mais levamos em consideração as subjetividades dos consumidores, mais aptos nos mantemos a satisfazê-los.

Nesse sentido, torna-se fundamental o conceito de *buyer persona*, também conhecido apenas como persona. Quando falamos em público-alvo, estamos nos referindo a um amplo grupo de consumidores com características gerais afins ao qual destinamos produtos ou serviços. Já as personas representam os clientes ideais de um negócio, isto é, são personagens com nomes, profissões, necessidades, desejos e hábitos alinhados aos dos nossos clientes reais. As personas nos ajudam a entender nosso público de forma mais profunda, otimizando nossa maneira de nos comunicar com ele e aumentando a eficácia das estratégias de marketing.

Evidentemente, o uso das personas não nos torna imunes ao erro. O ser humano é, afinal, uma caixinha de surpresas.

No entanto, essa é uma ferramenta que diminui drasticamente as chances de fracasso, pois proporciona uma humanização de nossa relação com o público, permitindo que saibamos o que as pessoas esperam de nossos produtos, se priorizam a qualidade acima do preço ou como o serviço que oferecemos transforma suas vidas. Deste modo, cria-se um rico panorama dos desejos, necessidades e afetos do nosso público. O ponto de partida para a criação das personas está, portanto, na pesquisa de mercado, da qual colheremos as informações necessárias para o desenvolvimento dos perfis.

ETAPA 1: A PESQUISA DE MERCADO

Este é o momento de planejar o roteiro de perguntas que serão enviadas ao público. Todavia, antes de começarmos, uma pergunta: você já tem clientes ou seguidores para os quais enviar o questionário? Se sim, pode passar os olhos rapidamente pelas linhas a seguir até chegar ao próximo parágrafo; se não, devemos lhe apresentar o conceito de *desk research*, ou pesquisa de dados secundários, que se refere à estratégia de pesquisar dados já coletados por terceiros sobre os potenciais consumidores de seus produtos ou serviços. Sites como o do IBGE (Instituto Brasileiro de Geografia e Estatística) e o do Ibope (Instituto Brasileiro de Opinião Pública e Estatística) são valiosas fontes de dados sobre os consumidores brasileiros, assim como os bancos de teses, como a Capes (Coordenação de Aperfeiçoamento de Pessoal de Nível Superior). As redes sociais também oferecem informações importantes sobre os gostos e hábitos das pessoas, embora seja imprescindível analisar com a devida cautela o seu conteúdo. Até mesmo uma simples busca no Google com termos do gênero "dados consumidoras lojas femininas" pode revelar um material essencial para a criação de personas. Como você já deve ter reparado, a *desk research* apresenta a vantagem de trazer os resultados "mastigados", sem que haja a necessidade de você formular perguntas, mas lembre-se de que, assim que formar uma clientela, deverá fazer sua própria pesquisa de mercado para descobrir as peculiaridades do seu público.

A internet disponibiliza várias plataformas para a aplicação de questionários, mas para o nosso exemplo usaremos os Formulários Google. A plataforma oferece a opção de se criar um questionário a partir de modelos de sua galeria, mas você deve escolher a opção "em branco" para criar uma versão personalizada. Na tela de montagem do questionário, você encontrará as opções mais importantes no box à direita da tela, que traz as alternativas de respostas curtas, longas ou de múltipla escolha. Você também pode assinalar as questões que serão obrigatórias selecionando a opção na parte inferior da tela.

Para o nosso objetivo, queremos três segmentos de perguntas que explorem, respectivamente, o perfil geral dos consumidores, suas subjetividades e sua relação com os produtos ou serviços que você oferece. Acompanhe, portanto, nossa sugestão de questionário para montar seu modelo:

QUESTIONÁRIO PARA PESQUISA DE MERCADO

PERFIL GERAL	SUBJETIVIDADES	RELAÇÃO CLIENTE & MARCA
Qual é o seu gênero?	O que é importante em sua vida profissional?	Como você conheceu nossa marca?
Qual é a sua idade?	O que é importante em sua vida pessoal?	Quais são os pontos positivos de nossa marca?
Qual é o seu grau de escolaridade?	Quais são as suas principais ambições?	Quais são os pontos negativos de nossa marca?
Em que cidade você vive?	Quais são os seus medos?	
Em que área você atua?	Quais são os seus hobbies?	Qual a importância de nossos produtos/serviços em seu dia a dia?
Qual é o seu cargo?	Você utiliza redes sociais? Se sim, quais são as suas favoritas?	
Qual é a sua renda mensal?	Quais são os seus assuntos favoritos em leituras ou rodas de conversa?	O que você sugeriria como mudança ou aprimoramento em nossos produtos/serviços?
Quantas pessoas vivem com você? Especifique o grau de parentesco.		

Quando seu questionário estiver pronto, clique na opção "Enviar", no canto superior direito da tela, e escolha entre enviar o formulário por e-mail ou divulgá-lo via link. Lembre-se de que você deve pedir gentilmente que seus clientes respondam à pesquisa, pois isso lhes tomará tempo (e paciência).

É importante, portanto, assegurá-los de que a tarefa que estão realizando é de grande utilidade para melhorar a experiência entre eles, como consumidores, e a marca. Assim que você aprende a criar uma pesquisa de mercado, pode adaptá-la para outros propósitos, incluindo a investigação da concorrência, como citamos anteriormente. Uma vez coletados os dados da pesquisa, passamos à etapa de análise.

ETAPA 2: IDENTIFICANDO PADRÕES

Os dados podem parecer aleatórios à primeira vista, mas a experiência de analisá-los torna-se empolgante quando, ao detectarmos os pontos em comum entre os consumidores, percebemos nossas personas tomando forma. Esse é o momento em que pegamos uma folha de papel e rascunhamos quem é o nosso cliente padrão, que se estabelece, sobretudo, pelas predominâncias, como quando há mais mulheres do que homens ou mais velhos do que jovens. Porém, como muitos descobrirão em breve, a pesquisa de mercado também apresenta equivalências, isto é, ocorrências como gênero e idade em igual proporção, o que exige a criação de duas ou mais personas. Não há limites para o número de personas, mas, quanto sucinta for a quantidade de suas construções, mais fácil será direcionar suas estratégias de marketing.

Com o lápis em punho, identifique os padrões de sua pesquisa em um pequeno parágrafo para criar a base de sua persona. Utilize como referência as predominâncias das marcas Maria Bonita e Bruno Duarte, que apresentam, respectivamente, exemplos de uma e duas bases para personas:

MARIA BONITA

PÚBLICO MAJORITÁRIO: *Mulheres de 30 a 40 anos. Graduadas. Profissionais liberais da região sudeste do Brasil. Média salarial de cinco mil reais. Solteiras. Fazem cursos de especialização. Buscam felicidade, amor. Citam como hobbies viagens e cinema. Usam Facebook e Instagram. Leem e falam sobre comportamento e saúde. Acham importante ter autoestima elevada. Veem na Maria Bonita uma marca moderna e sofisticada, e acham que deveria haver mais consultoras virtuais.*

BRUNO DUARTE

PÚBLICO MAJORITÁRIO I: *Homens de 35 a 45 anos. Graduados. Empreendedores/autônomos. Regiões nordeste e sudeste do Brasil. Média de renda de dez mil reais. Buscam o crescimento de seus próprios negócios. Almejam o enriquecimento. Desejam melhorar o físico por meio da musculação. Citam como hobby a prática de esportes. Usam Twitter. Leem e falam sobre esportes. Prezam por refeições saudáveis para potencializar os efeitos do treinamento físico. Acreditam que Bruno Duarte é confiável e proporciona resultados satisfatórios, mas confessam não seguir a dieta à risca.*

PÚBLICO MAJORITÁRIO II: *Mulheres de 18 a 25 anos. Universitárias. Regiões sul e sudeste do Brasil. Renda média familiar de sete mil reais. Almejam trabalhar com o que amam. Buscam satisfação pessoal e beleza. Citam como hobbies dançar e frequentar shows. Usam Instagram e YouTube. Leem e falam sobre beleza e saúde. Prezam por dietas fitness. Veem em Bruno Duarte um profissional atencioso e dedicado, e gostariam de ouvir suas orientações nutricionais em um canal no YouTube.*

Com a identificação dos padrões, as personas começam a ter rostos, mas ainda bastante difusos. Vemos que a loja Maria Bonita tem uma clientela formada predominantemente por mulheres autossuficientes que buscam elegância e satisfação pessoal, enquanto Bruno Duarte atrai um público um pouco mais plural, com homens interessados em esculpir seus corpos e mulheres jovens em busca do padrão vigente de beleza. Contudo, ainda não sabemos de verdade quem são esses consumidores como **seres humanos**. Descobrir isso é o nosso desafio final para a criação dos clientes ideais.

ETAPA 3: CRIANDO PERSONAS

Chegou a hora de criar o seu próprio cliente, aquele que você terá em mente a cada campanha de marketing e a cada lançamento de um produto ou serviço. Você já tem todos os dados necessários em mãos; inclua as informações que considerar essenciais e coloque um toque de sua própria imaginação para construir não só a persona, mas a história por trás dela, abordando suas singularidades e, sobretudo, suas necessidades e desejos em relação ao que sua marca oferece.

Ao longo desse processo, você deve sentir que ali está uma pessoa real, que irá interagir com sua marca e comprar o que você oferece. Você pode pensar que se trata de uma moça de olhos verdes e cabelos cacheados ou de um homem que usa óculos e lê o jornal todas as manhãs. Independentemente de como sejam, essas pessoas hipotéticas servirão para humanizar a relação entre a sua marca e os consumidores e para lembrá-lo de que não só seus desejos e necessidades, mas também seus sentimentos e experiências devem ser priorizados em todas as estratégias. Nosso objetivo é ter menos *cases* New Coke e mais *cases* Havaianas.

Com base nas informações selecionadas na etapa anterior, desenvolvemos três personas para sua inspiração:

MARIA BONITA

PERSONA: Vanessa é uma jornalista paulistana de 37 anos que trabalha como analista de comunicação em uma instituição bancária. Vanessa, que almeja cursar uma pós-graduação para alcançar uma posição melhor onde trabalha, gosta de viajar com as amigas e nutre o sonho de conhecer a Europa, objetivo que a faz economizar dinheiro mensalmente. Vanessa é negra, tem olhos e cabelos escuros, veste tamanho GG e compra roupas na Maria Bonita porque gosta de vestir-se de forma sofisticada no trabalho e em momentos de lazer, mas frustra-se porque, mesmo com o serviço de consultoria virtual e com as dicas na página da marca no Facebook, sua rede social favorita, ainda sente dificuldades para compor visuais, o que deve levar a Maria Bonita a pensar em estratégias para eliminar esse problema.

BRUNO DUARTE

PERSONA 1: Carlos, recifense de 40 anos, é proprietário de uma pequena empresa de consultoria na área de engenharia. Carlos ambiciona fazer sua empresa crescer, e para isso dedica-se ao trabalho por longas horas. No pouco tempo livre que resta, gosta de frequentar a academia para manter o porte atlético, de jogar futebol com os amigos e de acompanhar as notícias do dia pelo Twitter. Carlos é solteiro, tem a pele morena, olhos castanhos e raspa o cabelo por praticidade. Gosta das consultas de Bruno Duarte porque suas dietas não são altamente restritivas, mas admite que quebra o regime por conta da correria do dia a dia, e por esse motivo gostaria que o nutricionista comercializasse suas próprias refeições em marmitas fitness para facilitar sua compra e consumo.

PERSONA II: Ana Paula é uma estudante de moda de 21 anos que sonha tornar-se dona de sua própria grife. Nascida em Porto Alegre, Ana Paula é recém-casada e se considera muito vaidosa, o que se traduz em frequentes idas a clínicas de estética e salões de beleza. Ana Paula tem a pele clara, olhos azuis e cabelos loiros; não gosta de fazer musculação, por isso, mantém a forma por meio de uma alimentação saudável. Gosta muito das dietas de Bruno Duarte e o recomenda para as amigas, mas acredita que deveria haver mais comunicação entre ele e seus pacientes nas redes sociais, sobretudo pelo Instagram e pelo YouTube, meios pelos quais poderia dar dicas de nutrição e tirar dúvidas do público.

Ao longo de todo esse processo, transformamos os dados da pesquisa em pessoas com histórias e propósitos. Com isso, percebemos que, mais do que nos direcionar, as personas são capazes de apontar ideias que jamais pensaríamos fazer parte de uma demanda. Perceba como a falta de tempo de Carlos pode levar Bruno Duarte a não só vender marmitas fitness, mas a criar planos de assinatura para que pessoas sem tempo recebam refeições ao longo de vários dias, o que também as poupa do trabalho de refazer os pedidos constantemente. O desejo de um canal no YouTube por parte de Ana Paula também pode expandir a marca de Bruno Duarte no âmbito do poderoso marketing de conteúdo, o qual estudaremos no próximo capítulo. Mesmo questões que se presumiam resolvidas podem ainda se provar falhas, como mostra a persona de Vanessa em relação às consultoras virtuais, o que resulta na necessidade de a marca Maria Bonita repensar o serviço, cogitando, por exemplo, oferecer cursos de moda e estilo. Há muitos caminhos a se explorar a partir das personas, que devem ser conhecidas por todas as pessoas envolvidas em seu negócio. Porém, não as trate como algo imutável; no futuro, será imprescindível refazer sua pesquisa de mercado em busca de descobrir se houve mudanças no perfil dos consumidores.

Agora que você sabe com quem dialogar, é preciso colocar-se no lugar dessas pessoas a fim de enxergar com seus olhos e ver como as cores, formas e símbolos podem traduzir em suas mentes o DNA de uma marca. É hora de falar de identidade visual.

IDENTIDADE VISUAL

Tal como expressamos nosso humor, personalidade e estilo de vida por meio das roupas que vestimos, as marcas também manifestam sua identidade mediante elementos visuais. Uma breve análise das cores e da tipografia usadas em uma marca pode indicar se o negócio é voltado aos jovens ou ao público feminino. Esses elementos também têm o poder de influenciar a percepção do consumidor, que opta por produtos ou serviços de higiene que apresentem a cor branca ou que mede a credibilidade de um profissional por conta de sua aparência no avatar do Facebook.

É tarefa do *branding*, portanto, garantir que os elementos visuais de uma marca personifiquem sua essência, de modo que alguém que se depare com ela pela primeira vez saiba, imediatamente, se ela está relacionada a artigos de luxo, de limpeza ou a serviços automobilísticos. Adicionalmente, deve garantir que o cliente enxergue à distância e reconheça o branco e o azul da Dove; que veja as letras garrafais da Coca-Cola e sinta o gelado da bebida na garganta; que, enfim, a marca fascine, convença e "compre" o consumidor pelo olhar.

A grande pergunta agora é: como você deseja que sua marca seja, literalmente, vista? Preparamos um guia para ajudá-lo a responder, focado nos principais elementos visuais. Você pode tomar exemplos da concorrência como inspiração, mas abra espaço para seu gosto e imaginação. Afinal, queremos uma marca com personalidade própria.

LOGO

Dentre os elementos visuais, o logo destaca-se pela responsabilidade de resumir em poucas formas toda a identidade da sua marca. Concebido para ser facilmente reconhecível, o logo deve reunir características como originalidade, presença e beleza. Você o encontra por vezes em formas simples, como o da Nike, ou, mais comumente, com palavras agregadas — os chamados "logotipos" —, a exemplo do que vemos nas marcas Google e Starbucks.

Logos — ou logotipos — devem ser fortes, simples e envolventes o suficiente para que sejam reconhecíveis entre as várias outras marcas. Deve estar presente em seu site, suas redes sociais e seus produtos, de modo a se criar um padrão visual que se fixe na mente do consumidor. Sua marca é moderna e voltada para o público jovem? Pense em um logo de formas impactantes e cores vibrantes que expressem a agitação da juventude. Você é um advogado criminal? Seu logo deve expressar solidez e seriedade em cada linha, cor e letra. Você perceberá que a experiência de criação de um logo pode ser um exercício prazeroso e desafiador para a imaginação. Quanto mais paixão você empenhar nesse processo, ignorando a tentação de criar um logo preguiçoso e pouco inspirado, mais o público notará o seu impacto.

COR

A cor é a primeira coisa que percebemos quando olhamos para uma marca, e ela atiça mais do que apenas os nossos olhos: atiça nossa mente. Pode parecer loucura, mas as cores têm o poder de influenciar percepções e sensações. Pense em quantas redes de fast-food exploram a cor amarela, como o McDonald's, o Burger King e o Subway, para transmitir um sentido de felicidade e conforto, ou nas marcas que exploram a cor azul para despertar uma sensação de confiança, como a IBM, a Ford e a Oral-B, atingindo-nos de modo inconsciente.

O poder das cores pode ser usado a seu favor. Com o uso ou combinação das cores certas, você pode criar o fator decisivo de compra. Se você é um profissional da área da saúde, certamente quer transmitir a ideia de higiene, credibilidade e segurança. Para isso, deverá recorrer ao branco, ao azul ou ao verde. Se possui uma marca de roupas para crianças, certamente deverá explorar cores que remetam ao dinamismo, à imaginação e à criatividade dos pequenos, adotando o vermelho, o roxo e o laranja.

Para que você conheça um pouco mais sobre a psicologia das cores e possa usá-la do jeito adequado em sua marca, preparamos uma breve tabela com as principais cores utilizadas pelas marcas mundo afora:

PSICOLOGIA DAS CORES

COR	EFEITO
PRETO	Poder, mistério, melancolia
BRANCO	Paz, limpeza, suavidade
VERMELHO	Paixão, dinamismo, agressividade
AZUL	Confiança, segurança, calma
AMARELO	Alegria, otimismo, aconchego
LARANJA	Criatividade, vitalidade, diversão
VERDE	Credibilidade, renovação, bem-estar
ROSA	Feminilidade, delicadeza, inocência
ROXO	Imaginação, luxo, espiritualidade

TIPOGRAFIA

Não só as cores podem expressar as características essenciais da sua marca: a tipografia — isto é, a fonte das letras — também tem o poder de representá-las. As letras podem ter formas sofisticadas, conservadoras, infantis etc. Para entender o "poder das letras", pense nas marcas Subway e Tiffany & Co. A primeira apresenta uma tipografia dinâmica e moderna, com setas na primeira e última letras, o que transmite o senso de rapidez contínua que é característico da montagem de seus lanches; a segunda apresenta tipografia elegante, minimalista e sem cores vibrantes, o que traduz toda a sofisticação da grife de joias. A versatilidade que as letras oferecem ao se deixarem sublinhar, inclinar, unir ou separar-se permite que você dê asas à sua criatividade até que elabore a tipografia que carrega perfeitamente o DNA de sua marca.

FOTO

Uma imagem vale mais do que mil palavras quando o assunto é identidade visual? Sim — desde que essa imagem esteja de acordo com os princípios da sua marca. Se estamos falando de uma marca voltada aos jovens, as famosas selfies dialogam com o público-alvo, mas não serviriam para mostrar muita credibilidade se estivessem na página do proprietário de uma corretora de ações. Esse tipo de sensibilidade também deve estender-se, seja nas redes sociais ou no site oficial de sua marca, ao nível técnico das fotos: fique atento à iluminação, ao ângulo e à estética geral. Quanto ao conteúdo, a questão torna-se menos objetiva, sobretudo se falamos da imagem do profissional liberal. Muitas vezes, ele não tem o estereótipo projetado pelo cliente para determinada área, a exemplo do cabeleireiro calvo ou da nutricionista obesa, o que pode deixá-lo inseguro quanto à sua exposição. Não sucumba aos preconceitos, pois eles desaparecerão caso seu plano de comunicação seja bem-sucedido. Preocupe-se em passar sua melhor imagem, assegurando-se de que ela expressa a essência de sua marca.

NOME

Existe uma fórmula para se chegar ao nome de marca ideal? Infelizmente, não. Há marcas que apostam em nomes longos, como a Mitsubishi Motors; marcas com nomes curtos, como a Sony; marcas mais conhecidas por suas siglas, como a HP (Hewlett-Packard). O que todas elas têm em comum? Unicamente, a aparência e a sonoridade impactantes. Entretanto, um conselho útil: prefira sempre o mais simples. Adote um nome que seja fácil de pronunciar e de escrever — sobretudo se você quiser que sua marca alcance outros países — e, muito importante, que impossibilite que engraçadinhos façam piadas com ele. Se você pretende usar o próprio nome como marca, veja se ele soa interessante como uma sigla ou como soa sozinho o primeiro nome. Faça experiências até descobrir uma combinação cuja sonoridade seja forte o suficiente para que as pessoas nunca mais a esqueçam.

Igualmente importante é garantir a exclusividade. Pesquise domínios no Google e nomes nas redes sociais para descobrir se os termos que você deseja usar já não são utilizados. Assim, evitará dores de cabeça com direitos autorais e facilitará as estratégias de marketing digital.

SLOGAN

As marcas não precisam necessariamente de um slogan para sobreviver, mas slogans bem sacados têm o poder potencial de nos acompanhar por toda a vida. Os slogans devem ser grudentos, memoráveis. Quando nos deparamos com eles, a marca à qual pertencem deve surgir imediatamente em nossas mentes. Quanto mais espirituosa a frase pensada para o slogan, maior a sua repercussão entre o público. Slogans podem ser sofisticados ("Existem coisas que o dinheiro não compra. Para todas as outras, existe Mastercard"), rimados ("Tomou Doril, a dor sumiu") ou marcantes por sua extrema simplicidade e eficácia, como a "boa ideia" da cachaça 51. O que importa é que sejam memorizáveis e representem o coração da marca.

• • • • •

Uma vez que você conclui esta etapa de trabalhar os elementos visuais de sua marca, tão inspiradora e reveladora para a maioria de nós pela capacidade de torná-la única, *sua*, e reúne o conhecimento necessário de *branding* para garantir que sua marca, ao longo do tempo, fidelize sua clientela, destaque-se diante dos adversários e sustente o fundamental compromisso estabelecido com os consumidores. Com essa gestão de marca, que o guiará em todas as suas ações, você estará apto a explorar todas as possibilidades do marketing digital, sobretudo a que se destaca como o grande pilar atual da área: o marketing de conteúdo. Para dominá-lo, inspiração e transpiração são essenciais.

De Havaianas ou não, mãos à obra!

CAPÍTULO 3
MARKETING DE CONTEÚDO

CONTEÚDO: A BOLA DA VEZ

Gosta de Lego? É difícil achar alguém que torça o nariz para algo que instiga a imaginação com suas infinitas possibilidades. Há Lego para todos os gostos, mercados e mídias. Pense nas várias vezes em que viu pôsteres de filmes Lego nos cinemas, cartazes em lojas de jogos eletrônicos, livros, roupas e até mesmo parques temáticos — geralmente, em parceria com franquias e marcas de sucesso, como Harry Potter, Star Wars, Disney e Marvel. Lembre-se das suas eventuais viagens ao exterior, quando possivelmente se deparou em alguma fachada com aquelas letras brancas contornadas de amarelo sobre fundo vermelho, presentes em mais de cento e quarenta países. Ou mesmo dos fãs e colecionadores, participantes ativos da comunidade Lego, cujos olhos brilham quando falam sobre o que ela proporciona a suas vidas.

Perceba que, apesar das tantas informações aqui tecidas, em nenhum momento eu mencionei tratar-se de uma marca. Tampouco disse que a Lego foi considerada a marca mais poderosa do mundo em 2017, de acordo com o ranking elaborado pela consultoria Brand Finance (*Época Negócios*, 2017), e que seu faturamento anual na casa dos bilhões de dólares deixaria qualquer CEO de queixo caído. Sequer mencionei, é claro, que, por trás de tudo isso está uma companhia que vende... blocos. O fato de nos lembrarmos primordialmente de todo o universo da Lego, tão cheio de elementos que proporcionam entretenimento e aprendizagem, de nos apegarmos à marca pelos valores que ela agrega — sem que sua natureza comercial seja explicitamente levada em conta — mostra-nos o poder do marketing de conteúdo.

Conforme definido exemplarmente pelo programa da Universidade da Califórnia em San Diego, Estados Unidos, o marketing de conteúdo é "o processo de marketing e negócios [usado] para criar e distribuir conteúdo relevante e valioso [e] atrair, adquirir e envolver um público-alvo claramente definido, com o objetivo de impulsionar ações rentáveis entre os clientes" (UC SAN DIEGO, 2020), e a Lego é a personificação ideal desse conceito. O império dos blocos de montar ganhou potência sobretudo na virada do milênio, apostando na estratégia de entreter, informar e educar o público para ganhar sua credibilidade e afeição, sem que fosse necessário dizer "ei, nós somos os melhores", porque o conteúdo bem elaborado diz isso pela marca. Se você ainda não está convencido da eficácia dessa estratégia de marketing, já que seu propósito comercial se esconde atrás das cortinas, pense nos grandes *cases* da Lego dos últimos anos para cá, como o filme *Uma aventura Lego* (2014), visto por mais de 27 milhões de pessoas (Socialbakers, 2015), e a página da marca no YouTube, que, enquanto escrevo estas linhas, beira os 11,5 milhões de seguidores. São as táticas bem-sucedidas de valorização do engajamento dos fãs que garantem o notável reconhecimento da marca Lego, e entenderemos melhor a seguir como elas podem trabalhar a nosso favor.

Antes que você se aventure nas possibilidades digitais do marketing de conteúdo, é preciso conhecer suas águas. E já adiantamos: o mar está para peixe quando o assunto é público na internet, em busca e à espera de conteúdo. Um total de 53% dos usuários brasileiros de internet passa mais de seis horas por dia conectado (Canaltech, 2018), 54% dos consumidores querem ver mais conteúdo de uma empresa ou marca que apreciam (Rock Content, 2020), 67,3% das empresas já adotam estratégias de marketing de conteúdo (Meio & Mensagem, 2019), empresas que produzem um total superior a treze conteúdos mensais conquistam 4,2 vezes mais visitantes (Rock Content, 2020) e o marketing de conteúdo custa 62% menos do que o tradicional (Demand Metric, 2018). Moral da história? Há muita gente conectada, muitas empresas e profissionais explorando as potencialidades imensuráveis do marketing de conteúdo e um "chamado das águas" para que você não fique para trás nesta que é considerada a menina dos olhos do marketing digital.

Não basta, porém, sair por aí criando conteúdo sem saber onde você quer chegar, e aqui retornamos ao que foi aprendido no capítulo anterior sobre *branding*. Se você tem plena noção da essência de sua marca e de quem são as pessoas que adquirem seus produtos ou serviços, sabe o que é preciso para ensinar, informar ou divertir seu público. Assim, quanto mais qualidade e relevância agrega ao seu conteúdo, mais chances ele tem de ganhar o mundo, sobretudo por meio de compartilhamentos, seja em bate-papos, seja nas redes sociais.

Com relação aos objetivos que podem ser alcançados por meio do marketing de conteúdo, destaco como essenciais o **reconhecimento de marca**, que permite à sua marca se tornar autoridade na área de atuação e construir um vínculo de confiança com os clientes, que comprarão seus produtos e serviços de acordo com a boa posição que ela ocupa em suas mentes; a **prospecção**, que consiste em atrair potenciais clientes por meio de conteúdos substanciais, como materiais educativos, de modo que, a partir desse contato inicial e do acompanhamento dos conteúdos em questão, você possa torná-los seus clientes; e o **engajamento do público**, cuja fidelização depende não só de um conteúdo relevante que ofereça soluções ao cliente, mas que também o mantenha cativado e entretido, de modo que a experiência positiva o torne, por fim, defensor da sua marca, propagandeando-a de forma espontânea.

Com esses objetivos no horizonte, é fundamental ter em mente, antes de abordarmos os mecanismos do marketing de conteúdo, que as estratégias aqui contempladas requerem tempo para gerar resultados. Você não dominará as ferramentas de conteúdo nem alcançará o êxito da Lego de hoje para amanhã, mas com paciência, dedicação e perseverança, seus resultados no longo prazo serão duradouros e cruciais para sua marca.

Agora que já adentramos o ramo fértil do marketing digital, chegou a hora de saber com quantos blocos se faz o seu conteúdo ideal.

TIPOS DE CONTEÚDO

As possibilidades proporcionadas pelo marketing de conteúdo são ilimitadas, promissoras, maravilhosas e tudo o mais. Entretanto, por onde a gente começa? Escrevendo um texto? Gravando um vídeo? Que as ferramentas estão aí, todos já sabemos, mas quais são elas e quais são as suas particularidades? Mostraremos a seguir os principais e mais populares tipos de conteúdo. Ao analisá-los, você poderá começar a articular os que se adequam ao seu perfil e, consequentemente, ao seu planejamento em marketing de conteúdo. Nosso guia se divide entre as categorias **Texto**, **Áudio** e **Vídeo**, com as suas respectivas subcategorias.

TEXTO

Tradicional, efetivo e barato, o texto é a base do marketing de conteúdo. Ele está por toda parte, dos sites às redes sociais, mas é no blog que assume seu lugar por excelência na forma de sua mais popular subcategoria: o **post**. No post, você fala sobre assuntos pertinentes à sua marca, aos seus produtos, serviços e área de atuação, com o objetivo de informar e educar o público a fim de angariar visibilidade e confiança. Também nesse mesmo âmbito há o **guest post**, que, por tratar-se de um texto escrito por um convidado, em geral um especialista na sua área de atuação, pode contribuir para o aumento de credibilidade do conteúdo. Em ambos os casos, é preciso que o texto tenha coerência com o perfil de sua marca e que — embora esse seja o assunto do próximo capítulo — você fique atento à inclusão das palavras-chave mais populares buscadas pelo público, pois elas permitem que mais pessoas cheguem ao seu conteúdo por meio dos sites de busca.

Outro formato textual de grande apelo no marketing de conteúdo é o **e-book**, espécie de livro digital de conteúdo essencialmente educativo que serve, em geral, para prospectar clientes, uma vez que o usuário, ao cadastrar o próprio e-mail ou preencher algum formulário de pesquisa com o intuito de obter o e-book de seu blog, site ou rede social, passa a receber também o conteúdo de sua marca. Igualmente interessantes são as **checklists**, listas que permitem ao público cumprir objetivos por meio de uma sucessão de minitarefas, como os afazeres indispensáveis à produção de um evento, e as **planilhas**, tabelas que, como as checklists, têm por objetivo ajudar os clientes na organização pessoal de metas, como planejar as finanças ou monitorar a dieta, informando-se sobre a quantidade de calorias contidas nos alimentos.

Se tamanha variedade em termos de texto é assustadora, lembre-se: a prática leva à perfeição. Treine sua escrita e conte com as dicas presentes na última parte deste capítulo, que o ajudarão a formular textos atraentes para os consumidores.

ÁUDIO

Seja porque a escuta de um conteúdo permite às pessoas executar mais de uma tarefa ao mesmo tempo, como dirigir ou fazer exercícios, ou simplesmente porque elas tiram mais proveito da audição do que da leitura, há um público muito afeito aos conteúdos em áudio. Essa é uma tendência cada vez maior de consumo prático e ágil das informações. Nesta categoria, encontram-se em destaque o formato **post em áudio**, que nada mais é que a narração de um post para que seu público tenha a opção de absorver o conteúdo da forma que mais lhe agradar; os populares **podcasts**, conteúdos concebidos como programas de rádio de alto cunho educacional, informativo ou de entretenimento que podem ser ouvidos no momento que o consumidor desejar; os **audiobooks**, que representam a versão narrada dos e-books e cumprem a mesma proposta de prospecção de clientes; e as **mensagens de áudio no WhatsApp**, estratégia que tira proveito do popular aplicativo de troca de mensagens para a transmissão de conteúdos breves com um alcance mais imediato do público.

Embora trate-se de conteúdos em áudio, é natural que o texto seja sua base, pois mesmo o mais improvisado dos podcasts segue alguma forma de roteiro. Assim, as dicas ao final deste capítulo também se tornam fundamentais para esta categoria, com a ressalva de que você deve desenvolver uma linguagem ainda mais fluida visando facilitar a absorção das informações.

VÍDEO

A frase pode ser batida, mas a ideia certamente não é: os vídeos são o futuro do marketing de conteúdo. Eles são as mais populares fontes de entretenimento, informação e educação no marketing digital, e, se bem articulados, trazem como benefícios um alto fluxo de visitantes, o engajamento massivo do público, uma forte presença de marca e a construção de sua autoridade na área.

Dentre as tantas possibilidades da categoria, abordemos como as principais o formato **vlog**, bastante popular entre marcas de perfil mais descontraído, que nada mais é do que a exibição do cotidiano de uma empresa ou profissão, abordando-se como são realizadas determinadas tarefas em uma linguagem informal; o **tutorial**, cujo objetivo é educar o público sobre o funcionamento de produtos ou serviços, livrando-o da necessidade de procurar tais conteúdos em canais do YouTube e, ao mesmo tempo, demonstrando atenção à audiência que angaria sua fidelização; o **vídeo case**, que, como diz o próprio nome, foca nos *cases* de sucesso de uma marca, conteúdo que pode ser crucial para a decisão de compra do consumidor; o **testemunhal**, que consiste em depoimentos de usuários que tiveram suas necessidades satisfeitas por um produto ou serviço e que podem atestar sua boa experiência, conferindo credibilidade à marca; e o **webinário**, excelente ferramenta para fomentar a autoridade de uma marca, uma vez que consiste na transmissão ao vivo de uma apresentação em que um especialista aborda temas importantes de sua área de atuação e esclarece as dúvidas do público.

Todos esses formatos exigem de sua parte, em grau maior ou menor, um planejamento textual do que será abordado, e as próprias dicas de escrita ao fim do capítulo podem orientá-lo no sentido de tornar seu conteúdo atraente.

Fazemos ainda menções honrosas às **imagens** — fotográficas ou de ilustração, por seu poder de impacto na expressão de uma mensagem sem palavras e pela facilidade com que as primeiras são produzidas e compartilhadas na era dos smartphones, o que as torna extremamente populares e úteis como estratégia de marketing de conteúdo — e aos **infográficos**, cuja abordagem de estatísticas e informações de difícil compreensão em formato visual simplificado os transforma em uma ferramenta importante no marketing digital.

Vale ainda ressaltar que é possível reunir diversos formatos dentro de uma estratégia multimídia, de forma a se enriquecer o conteúdo, que pode tornar-se atraente para diferentes perfis, incluindo aqueles eventualmente fora do seu público. Em termos práticos, isso significa que, no mesmo post, você pode ter um post em áudio, um vlog e um infográfico. Promissor, não? Mas não se esqueça: concentre-se no que sabe fazer de melhor, sem tentar abraçar o mundo abarcando todos os formatos, do contrário você se tornará um grande especialista em... nada.

Familiarizados com os principais formatos das categorias de texto, áudio e vídeo e com as suas várias possibilidades, estamos aptos a dar o próximo passo: traçar o planejamento de marketing de conteúdo. E aqui as coisas ganham dimensões ainda maiores.

PLANEJAMENTO E ESTRATÉGIAS EM MARKETING DE CONTEÚDO

Sem uma estratégia sólida, o marketing de conteúdo equivale a palavras lançadas ao vento. Para criar um conteúdo que chame a atenção das pessoas, devemos traçar um plano de ação que delineie claramente nossos objetivos e que se materialize nos desejos da nossa audiência — abordagem esta que exige, acima de tudo, compreender **quem** queremos atingir, **o que** trazemos de novidade à mesa, quão **relevante** é aquilo que dizemos e **como** dizemos.

Para isso, podemos seguir um passo a passo, uma espécie de guia que nos orientará na formulação desse planejamento, entrelaçando as estratégias de marketing de conteúdo que garantirão o fortalecimento de nossa marca.

ONDE VOCÊ QUER CHEGAR?

Eis a pergunta de um milhão de dólares. O que você deseja? Tornar sua marca conhecida em todo o Brasil? Aumentar as vendas de seus produtos ou serviços? Angariar clientes que se tornem, no futuro, advogados de sua marca? É essencial que você defina neste momento a principal meta que pretende atingir, pois todos os passos seguintes terão que se alinhar a ela.

Para ilustrarmos os possíveis caminhos que podemos tomar dentro de um planejamento de marketing de conteúdo, apresento dois novos exemplos fictícios: a assessora de casamentos Gabriela Alves e a loja de artigos esportivos Esparta. Gabriela Alves tem como objetivo fidelizar sua clientela em busca de se tornar referência em sua área de atuação e a Esparta pretende alavancar as vendas em sua loja on-line. Com ambos os segmentos em mente, passemos à observação de seus respectivos públicos.

QUEM VOCÊ QUER ATINGIR?

Existe uma boa razão para o capítulo sobre gestão de marca anteceder o de marketing de conteúdo: temos que saber quem são os nossos clientes antes de sair por aí falando com eles. Voltamos, então, à importância das personas, que aprendemos há pouco como conceber a fim de adequar o nosso posicionamento de marca. Agora, retomaremos a ideia para saber não só o que produzir em termos de conteúdo para essas pessoas, mas também que linguagem e postura adotar.

A *buyer persona* de Gabriela Alves é Juliana, uma enfermeira de 27 anos de Minas Gerais que há mais de dois anos é noiva de Pedro, engenheiro civil. Muito apegada à família, Gabriela planeja uma cerimônia de casamento grandiosa, com todos os seus familiares presentes, e espera que a assessora Gabriela Alves, que se apresenta na sua página do Instagram como uma profissional dedicada aos mais minuciosos desejos dos noivos, possa ajudá-la com esse sonho.

Como Gabriela pode produzir conteúdo para mulheres como Juliana? A primeira pista é apostar no Instagram — noivas à procura de vestidos e imagens inspiradoras sempre têm essa rede social no radar. E qual será a linguagem utilizada? Deve ser conservadora, formal? Ou Gabriela deve tratar com carinho essas mulheres que, muitas vezes, depositam sonhos de infância nas mãos de profissionais como ela? Assim, o uso de uma linguagem afetiva, que crie um vínculo emocional com as atuais e futuras Julianas, é importante para que elas indiquem os serviços de Gabriela para mais e mais noivas, cumprindo o seu objetivo de tornar-se referência.

Por sua vez, a *buyer persona* da Esparta é Diego, um adolescente paulista de 16 anos cujo esporte favorito é o basquete. Diego estuda no período da manhã e passa o restante do dia jogando basquete com os amigos na quadra da escola e do seu condomínio. O jovem conhece a loja Esparta, mas fez nela apenas uma compra — não porque a experiência tenha sido ruim, mas porque outras lojas do gênero lhe oferecem basicamente as mesmas opções. Diego, à diferença de Juliana, não é do perfil que utiliza Instagram; como um adolescente fissurado no esporte da bola laranja, suas interações ocorrem sobretudo no YouTube, que ele frequentemente visita com o intuito de acompanhar desde conteúdo ligado à NBA, a famosa liga de basquete profissional da América do Norte, até vídeos que ensinam estratégias do jogo. É nessa direção que a Esparta deve mirar. Ademais, a linguagem de seus conteúdos deve ser jovem e informal, para que, assim, os Diegos se sintam engajados e instigados a comprar na loja on-line, alavancando suas vendas.

Percebeu como o conhecimento das características do seu público é fundamental para tirá-lo de abordagens furadas e colocá-lo nos trilhos? Agora que temos uma boa noção de quem está do outro lado, estamos prontos para conceber o tão almejado conteúdo.

O QUE VOCÊ VAI DIZER?

Chegamos à fase mais crítica do planejamento: a definição dos conteúdos a serem explorados. A escolha dos temas, a maneira como você os desenvolve e a relevância de sua contribuição são os aspectos que farão com que você se destaque entre os concorrentes e enriqueça seu relacionamento com os clientes, já contemplados no passo anterior. Mas como saber quais conteúdos explorar a partir das informações de que dispomos, proporcionando entretenimento, informação ou educação, e gerando engajamento para a marca?

Em primeiro lugar, pense em tudo que você já viu em termos de marketing de conteúdo. Pense naquela famosa rede de farmácias que publica em seu blog artigos sobre saúde e bem-estar ou naquela perfumaria que, eu seu canal do YouTube, oferece tutoriais de maquiagem e demais cosméticos. O que as torna autoridades em suas respectivas áreas é a disponibilização de conteúdo fundamentado e constante — que seria buscado pelos clientes em diferentes fontes, não estivesse ali reunido. Essa é a chave do marketing de conteúdo, esse é o horizonte que você deve ter em mente na execução de suas estratégias.

Para ajudá-lo na descoberta de assuntos dentro de sua área de atuação podemos utilizar o conceito de **árvore de conteúdo**. Trata-se do mapeamento dos tópicos de interesse do seu público-alvo que podem gerar vendas. Sua concepção é simples: o **tronco** da árvore é aquilo que está no centro da sua estratégia de conteúdo, isto é, o assunto que você domina. Os **galhos**, por sua vez, são os assuntos relacionados de interesse dos clientes, aqueles que eles pesquisam antes de se decidir pelo produto ou serviço que você oferece. Além do benefício óbvio de ajudá-lo a pensar em diferentes temas, a árvore de conteúdo ainda permite que você guarde suas ideias para quando estiver sem inspiração. Para criá-la, você também pode se pautar pela medição dos assuntos de maior ocorrência nos sites de busca, que podem ser inferidos por meio de ferramentas como o Google Trends (trends.google.com.br) ou do próprio preenchimento automático do Google — aquele recurso que exibe sugestões de busca quando você começa a digitar as palavras-chave.

Vejamos como funcionam as árvores de conteúdo a partir dos exemplos de Gabriela Alves e da Esparta:

Casamentos

- As lojas de vestidos de noiva mais bem avaliadas de Minas Gerais
- As vantagens e desvantagens das cerimônias tradicionais e modernas
- Ideias do que servir no buffet de casamento
- Opções para fugir do clássico "véu e grinalda"
- Inspirações para o buquê de flores
- A importância da assessoria de casamento
- Opções de salões de festa para todos os gostos e bolsos
- Como planejar um casamento sem arruinar suas finanças

Basquete

- O que você precisa saber antes de começar a jogar basquete
- As melhores partidas da história do basquete segundo os especialistas
- Cinco itens indispensáveis para o jogador de basquete
- Os melhores tênis para a prática de basquete
- As dez camisas de basquete mais icônicas de todos os tempos
- Como seguir carreira no basquete
- A importância da prática de esportes para o seu desenvolvimento
- Dicas de craques para melhorar seu desempenho no basquete

Contemplamos várias frentes em ambos os exemplos. No caso de Gabriela Alves, não só abordamos assuntos altamente pertinentes para o seu público, em geral cheio de expectativas, como também ressaltamos a importância de sua própria profissão. Diante de conteúdos tão informativos e inspiradores, noivas como Juliana sem dúvida desejarão acompanhar as postagens, convertendo seu interesse na contratação de seus serviços e tornando-se o desejado público fidelizado que promove autoridade à profissional.

Já no caso da Esparta, o apelo das postagens que trazem opiniões de especialistas e as dicas de compras atuam no sentido de convencer jovens como Diego de que a loja já é uma autoridade em esportes como o basquete e que a compra de seus produtos é quase uma "consequência" natural das vantagens que ela oferece aos consumidores em termos de conhecimento, credibilidade e conteúdo relevante.

E, se agora sabemos o que queremos dizer, basta definir algo de igual importância: a maneira como o faremos.

COMO VOCÊ VAI DIZER?

Você vende pipoca. Agora, ciente da importância de desenvolver diferentes tópicos dentro de um mesmo tema em sua estratégia de marketing de conteúdo, quer sair internet afora afirmando como a pipoca é boa, faz bem para a alma, é preparada há dezenas de milhares de anos e pode ser consumida com os mais diversos temperos. O problema é: onde? E como? Você vai escrever posts em um blog? Criar um podcast? Abrir um canal no YouTube e postar semanalmente vídeos sobre pipoca?

Depende. Na verdade, você deve aliar o conhecimento que tem do seu público-alvo a uma estratégia de marketing conhecida como **funil de vendas**, que compreende a relação entre consumidor e produto do momento de sua descoberta até a compra. Isso significa que, se você sabe onde seu público está e o que quer dizer a ele, precisa articular os formatos de conteúdo que mais se alinhem ao seu perfil dentro do esquema proposto pelo funil de vendas, que se divide entre o topo, o meio e o fundo. No **topo**, concentram-se as estratégias de conquista do usuário, e as informações aqui trabalhadas devem ser altamente acessíveis para atrair as pessoas, como se dissessem: "Veja o que oferecemos de interessante para sua necessidade!". No caso da assessora de casamentos Gabriela Alves, um formato como o post em um blog seria interessante para o perfil de seu público, ao passo que a Esparta, que lida com pessoas acostumadas ao conteúdo do YouTube, obteria resultados melhores por meio de vlogs. No **meio** do funil, por sua vez, concentram-se os conteúdos que abordam as vantagens de se adquirir determinado produto ou serviço, o que exige dos formatos um caráter mais informativo. Nessa etapa, é interessante que profissionais como Gabriela Alves ressaltem a importância de seus serviços por meio de formatos como a checklist, de modo que as noivas sintam a necessidade de sua contratação devido à infinidade de minitarefas que envolvem a realização de um casamento. Já quanto ao público da loja de artigos esportivos, o formato tutorial cumpre com folga sua proposta informativa e educativa. E, por fim, no **fundo** do funil está o conteúdo que busca converter o usuário em cliente.

Aqui, o poder de convencimento pode, tanto para a assessora de casamentos quanto para a loja de artigos esportivos, ocorrer por meio dos vídeo cases, pois Gabriela Alves quer mostrar quão belas e bem-sucedidas são as cerimônias que organiza e a Esparta deseja abordar a satisfação dos clientes não só com os produtos em si, mas também com sua curadoria, que a diferencia dos demais estabelecimentos do gênero.

FUNIL DE VENDAS

TOPO
ESTRATÉGIAS DE ATRAÇÃO
BLOGS, PODCASTS, VLOGS, MÍDIAS SOCIAIS

MEIO
ESTRATÉGIAS DE CONVENCIMENTO
TUTORIAIS, E-BOOKS, WEBINARS, CHECKLISTS

FUNDO
ESTRATÉGIAS DE CONVERSÃO
VÍDEO CASES, CALL TO ACTION

Não basta, é claro, utilizar esses formatos sem qualquer periodicidade ou interesse no feedback do público. Não há cliente que se sustente, não importam as estratégias de marketing de conteúdo utilizadas, diante de um site desatualizado ou com postagens dispersas no tempo. Muito menos consumidor que se fidelize caso se sinta tratado como número. Planeje-se para uma constante postagem de conteúdo e aposte no engajamento dos clientes fiéis e potenciais ao pedir que deixem sua opinião sobre seus produtos ou serviços, assegurando-lhes de que seu feedback é fundamental para a marca. E, acima de tudo, reaja ao feedback, inclusive aos negativos. As pessoas precisam confiar no seu interesse de satisfazer seus desejos e necessidades para que se tornem suas clientes — e, quando você consegue fazer com que se sintam especiais, elas advogam de maneira voluntária por sua marca.

Com suas estratégias de marketing de conteúdo traçadas e executadas, enfim chegamos à etapa em que descobrimos os resultados conquistados.

COMO SABEREI SE DEU CERTO?

Para que você saiba se as estratégias adotadas ao longo de seu planejamento de marketing de conteúdo surtiram efeito, de modo que consiga mudar ou aprimorar suas táticas e conteúdos em tempo hábil, é preciso aprender a ler as métricas, que são os dados de monitoramento de suas ações de marketing digital. As métricas mais utilizadas para a verificação do sucesso de suas estratégias são:

- A quantidade de visitas de suas páginas e quais são as mais acessadas;
- O tempo gasto em cada uma das páginas;
- A frequência com que os usuários retornam ao seu site;
- A quantidade de seguidores nas redes sociais;
- As taxas de cancelamento de cadastro.

Todas essas métricas, quando cruzadas, oferecem um rico panorama de seus êxitos e falhas, e devem ser consultadas com regularidade para que você acompanhe possíveis mudanças.

• • ● • •

Independentemente de sua estratégia, sempre tenha em mente duas considerações fundamentais: se o seu conteúdo não traz nenhum benefício ao consumidor, não o produza; coloque-se sempre um passo à frente, pois formatos vêm e vão, mas o conhecimento de como fazer o conteúdo permanece.

E já que o assunto é conteúdo de qualidade, acompanhe a seguir nosso guia para tornar seu texto de marketing irresistível.

COPYWRITING: A ARTE DO TEXTO VENDEDOR

Como dissemos anteriormente, a base do marketing de conteúdo é o texto. Saber não só articular as palavras, mas seduzir o cliente de modo a convencê-lo a se engajar no seu conteúdo, é uma arte perfeitamente assimilável por qualquer pessoa. Se você não tem o hábito de escrever, saiba que é tudo uma questão de prática. Sente-se por alguns minutos todos os dias para redigir um diário. Comece com poucas linhas e depois desenvolva frases mais longas. Quando estiver se sentindo mais confortável com sua escrita, utilize-se das dicas presentes neste subcapítulo, que darão às suas palavras poder de convencimento para que o público compre o que você está dizendo.

"ME GANHOU PELO TÍTULO"

O título é o primeiro contato do usuário com o seu texto, logo ele precisa vender instantaneamente a sua proposta. O título deve propor algo imprescindível, que não pode esperar, como nestes exemplos: "Cinco bandas que você precisa ouvir antes de morrer" e "Conheça as frases que você jamais deve dizer ao seu chefe". Foque nessa urgência irresistível e os leitores não hesitarão em responder ao apelo do seu texto.

"QUE NATURALIDADE..."

O seu texto deve trazer um tom descontraído, como se fosse um bate-papo com o leitor. Isso significa que você deve evitar sobrecarregá-lo com "as grandes e infinitas possibilidades de sua marca fenomenal", mas sim buscar convencê-lo de suas qualidades com a fluidez de quem explica, durante a conversa com um amigo, por que o seu bolo de cenoura é melhor que o da padaria da esquina.

"ESTILO É BOM E TODO MUNDO GOSTA"

Se você posta ora um calhamaço, ora um poema haicai, os leitores não saberão o que esperar de você — e essa imprevisibilidade certamente não é positiva. Mantenha um certo padrão de tamanho para seus textos, bem como a mesma tipografia e o mesmo tamanho de fonte, de modo que seu estilo se torne reconhecível e, portanto, familiar ao público.

"SEM RODEIOS!"

Não há nada mais irritante que um texto que demora a mostrar a que veio. E, no caso do marketing de conteúdo, esse problema ganha dimensões ainda maiores, já que o cliente aborrecido sairá de sua página antes de saber quais são as suas intenções. Certifique-se de ir direto ao ponto em seus argumentos, tratando dos desejos e necessidades do público no parágrafo inicial e desenvolvendo as questões nas linhas seguintes.

"HONESTIDADE É A MELHOR POLÍTICA"

Existe um nome para aqueles que prometem o mundo em um discurso cheio de firulas e nada entregam: charlatões. E ninguém aqui quer ganhar tal alcunha! Seja verdadeiro em suas palavras e venda não a fantasia, mas a realidade de seus produtos ou serviços, que certamente ostentam pontos fortes que bastam em si.

"AI, MEU CORAÇÃO"

Não há quem resista a um texto que mexa com as emoções, seja para deixar o leitor alegre ou em lágrimas. Um dos modos de cativar o coração das pessoas é contar uma história. Você pode explorar um exemplo de vida relacionado à sua marca que as faça identificar-se com aquela realidade, e quanto mais comovidas elas se sentirem, mais se apegarão ao conteúdo que você oferece.

"NÃO SE ESQUEÇA DAS PALAVRAS MÁGICAS"
As palavras-chave, como já dissemos, permitem que uma massiva quantidade de usuários encontre seu conteúdo por meio de sites de busca como o Google, portanto, é importante que você inclua em seu texto os termos que os leitores constantemente utilizam em suas buscas. Para descobrir quais são esses termos, você pode utilizar ferramentas como o popular Google Keyword Planner, mas não se preocupe em dominar tudo neste momento, pois abordaremos o marketing de busca mais para a frente.

"FALE CONOSCO"
Todo texto produzido no contexto das estratégias do marketing digital deve incluir em seu final a chamada *call to action*, frase de engajamento usada para chamar o usuário a praticar determinada ação, seja o famoso "saiba mais" ou o direcionamento para um comentário. Com essa estratégia, o leitor sente-se mais envolvido com o conteúdo, que se mostra bem-direcionado e preocupado com a sua opinião.

"NOS TRINQUES"
De nada adianta você redigir o conteúdo ideal se o texto não passar por uma mínima revisão gramatical, o que pode levá-lo a tornar-se motivo de chacota, e não de reverência. Certifique-se de que não se esqueceu de alguma vírgula ou acento e, se puder, peça para outra pessoa revisar seu material, pois nossos olhos acostumados ao texto podem deixar algum erro escapar. Esse cuidado contribuirá para a própria credibilidade do seu conteúdo.

Sei que você já quer botar em prática seus novos poderes de persuasão, mas fique para o próximo capítulo, cujo tema abrirá novas portas no caminho para o fortalecimento de sua marca. Trata-se do marketing de busca, cujas infinitas possibilidades podem fazer com que todos os caminhos levem não a Roma, mas a você.

CAPÍTULO 4
MARKETING DE BUSCA

JOGANDO NO GOOGLE

A cada segundo, no mundo todo, sessenta e três mil consultas são feitas no Google. Isso representa cerca de cinco bilhões e seiscentos milhões de buscas diárias ou dois trilhões de pesquisas anuais (SEO tribunal, 2020). Por trás desses números astronômicos há pessoas à procura de informações, entretenimento e produtos ou serviços que supram seus desejos e necessidades. Preparar-se para atender a essa demanda é fundamental, mas apenas meio caminho andado. Afinal, tão importante quanto fazer o público encontrar aquilo de que precisa é ser **encontrado** por ele.

Fazer a audiência chegar até você para aumentar o tráfego de sua página e gerar a almejada conversão de visitante a cliente é tarefa do marketing de busca, cujas estratégias rendem aos e-commerces do Brasil a conquista de 13,2 vezes mais visitantes e 5,7 vezes mais clientes (ROCK CONTENT, 2020). A chave para esse sucesso está, é claro, na sua **exposição**. O que não está tão claro assim é **como** obtê-la. Para resolver essa questão, devemos voltar os nossos olhos para o gigante Google.

Embora o Google não seja o único buscador existente — Yahoo! e Bing são alguns dos seus concorrentes —, ele é certamente o mais relevante, considerando que domina 94% do tráfego orgânico da internet (Neil Patel, 2020), o que o torna a menina dos olhos do marketing digital e, consequentemente, do presente capítulo. Imagine como seria insano se, como resposta à busca dos termos "loja de sapatos", o Google decidisse exibir **todos** os negócios associados a tais palavras-chave. Cairíamos em um limbo infinito e caótico de resultados, que seriam jogados à nossa frente sem o menor critério. É difícil até mesmo imaginar tal possibilidade, em vista da clareza e da precisão com que nossas pesquisas são interpretadas pelo buscador. Esses ares de "gênio da lâmpada" do Google não são mágicos, mas matemáticos: por meio de seu tão falado algoritmo, que se utiliza de conceitos como a estatística e a análise numérica, o Google analisa e envia ao usuário as ocorrências mais pertinentes à sua pesquisa. Isso significa que, quanto mais sua página se alinhar aos mecanismos de busca, sobretudo pela adoção acurada das palavras-chave frequentemente utilizadas pelo público, maior será sua exposição. Aparecer na página inicial de resultados do Google é, portanto, o pulo do gato do marketing de busca, e para isso duas estratégias distintas se aliam: a Otimização para Sites de Busca, conhecida popularmente como SEO, e os links patrocinados.

    A estratégia de SEO compreende os resultados da busca orgânica, isto é, as ocorrências exibidas de modo espontâneo nas páginas de resultados segundo os critérios do buscador, que as ordena de acordo com sua relevância para as palavras-chave utilizadas pelo público. Para alcançar uma alta posição nesse ranqueamento, você precisa investir na otimização de seu conteúdo, de modo que sua periodicidade e adequação às palavras-chave se tornem atraentes aos mecanismos de pesquisa e o coloquem, com o tempo e de forma gratuita, no topo da lista de resultados.

Os links patrocinados, por sua vez, referem-se aos anúncios pagos exibidos em destaque nas páginas de resultados. Nesse modelo, de caráter publicitário, você cria uma campanha — geralmente na plataforma Google Ads —, escolhe as palavras-chave adequadas ao seu negócio e acerta o valor a ser pago a cada clique feito por um usuário em seu link na página de resultados. À diferença da abordagem de SEO, com os links patrocinados não é necessário investir maciçamente no conteúdo e o retorno em termos de tráfego é conquistado de forma mais rápida, mas o ideal é que ambas as estratégias sejam trabalhadas em conjunto para o crescimento de sua visibilidade a curto e longo prazos.

Mas antes que nos debrucemos sobre a aplicação das estratégias de SEO e links patrocinados, devemos nos assegurar de que estamos prontos para receber essa demanda de clientes em potencial. Isso significa dar atenção à própria estrutura do site de seu negócio, o grande ancoradouro de sua empreitada no marketing digital. Garantir que seu endereço esteja à altura das expectativas dos visitantes é requisito essencial para qualquer estratégia de marketing de busca, pois, da mesma forma que não deseja receber visitas quando sua casa está suja, você não quer atrair clientes para um antro de desinformação.

Ao encontrá-lo, o público também deve encontrar **qualidade**, e é sobre isso que falaremos nas próximas páginas.

COMO CRIAR O SITE IDEAL

Seja você um profissional liberal ou uma pequena empresa, seu site é o seu cartão de visita. Ele pode até não ser o primeiro contato do consumidor com a sua marca, que pode ter ocorrido por meio de redes sociais como o Facebook e o Instagram, mas é certamente o lugar que as pessoas procuram visando obter mais informações sobre o seu negócio e a fim de certificar-se de sua credibilidade. Logo, um site bem organizado e direcionado agrega valor à sua marca, sendo muitas vezes crucial para a decisão de compra de seus produtos ou serviços. Diante de sua importância para as estratégias de marketing digital, desenvolvemos um manual sobre como elaborar um site amigável ao seu público-alvo, elucidando quais ferramentas estão à sua disposição para projetá-lo e quais estratégias devem torná-lo claro, objetivo e completo. Nosso guia serve tanto para aqueles que começarão seu site do zero quanto aos que desejam aperfeiçoar um endereço virtual já existente, alinhando-o às melhores práticas destinadas a informar e cativar os visitantes.

ENCONTRANDO O TERRENO IDEAL

A ideia de criar um site com as próprias mãos parece assustadora, mas é possível para nós, leigos, desde que tenhamos um pouco de paciência e usemos as ferramentas certas. Não é nosso objetivo abordar os aspectos técnicos da tarefa, próprios aos profissionais da área, mas recorrer a plataformas que nos permitam criar sites simples, intuitivos e belos de forma gratuita ou sem gastar muito. Apresentamos a seguir alguns dos serviços mais populares de criação de sites e suas vantagens:

GOOGLE SITES	WIX	WORDPRESS
A plataforma de criação de sites do Google permite que você crie um endereço virtual em minutos e de forma gratuita. No processo de criação, é possível visualizar a aparência que o site terá depois de publicado, o que facilita suas decisões estéticas e a disposição das informações. Uma vez criado, o endereço fica hospedado nos servidores do Google — o que aumenta a velocidade de carregamento de suas páginas — e pode ser editado a partir de qualquer computador conectado à internet.	À maneira do Google Sites, mas com uma gama maior de funcionalidades, o Wix oferece um criador de páginas fácil de usar e gratuito. Embora o usuário possa optar pelos planos pagos, as opções básicas da plataforma disponibilizam as ferramentas necessárias à elaboração de um site completo, além de centenas de *templates* categorizadas de acordo com seu tipo de negócio.	O Wordpress é a plataforma usada por mais de um terço dos dez milhões de sites mais importantes da internet (W3TECHS, 2019). E por uma boa razão: trata-se da mais completa da lista, permitindo a criação de sites gratuitos, a despeito de seu leque de planos. Embora seu uso exija um conhecimento técnico mais apurado, o Wordpress oferece em retorno vantagens expressivas, como flexibilidade na alteração do formato das páginas, uma quantidade ampla e diversificada de *templates* e opções de e-commerce.

ESCOLHENDO SEU DOMÍNIO

Assim como a escolha do nome de sua marca, a decisão das palavras que você usará no domínio do seu endereço virtual deve se pautar pelo bom senso e pela certeza de que os termos empregados são de fácil memorização e escrita. Afinal, se o público não se lembrar ou não souber como digitar o que vem depois do seu "www", o tráfego do site será invariavelmente comprometido. Não há receita para se chegar ao domínio perfeito, mas algumas dicas podem orientá-lo na direção ideal:

- O domínio deve incluir o nome da marca e, se possível, a categoria do negócio, para facilitar a identificação. Pense em exemplos como: *medeirosadvogados.com.br* e *novorumocontabilidade.com.br*;
- É preferível usar um domínio curto, mas não o abrevie a ponto de torná-lo incompreensível. Evite, sobretudo, o uso excessivo de siglas; afinal, se nos deparássemos com um endereço do tipo *advbfmc.com.br*, seria difícil entender que se trata do site pessoal da advogada Bruna Freitas de Morais Cardoso;
- Se o seu público está no Brasil, registre seu site com a extensão *.com.br*. Caso atenda clientes em outros países, o domínio *.com* é mais indicado, desde que você crie versões em inglês e português para as suas páginas. Há outras terminações disponíveis, como *.blog*, *.us* e *.org*, mas recomendamos que o seu site seja registrado com as extensões tradicionais;
- Evite cacófatos, isto é, palavras que soem estranhas ou bobas quando lidas conjuntamente em voz alta, a exemplo do famoso "por cada";

- Uma dica óbvia, mas ainda assim importante de ser ressaltada: preste atenção a possíveis erros ortográficos. Está na dúvida entre "logística" e "lojística"? Consulte o dicionário e poupe-se de um futuro mico;
- Se já existe um domínio com o nome de sua marca, não tente dar um "jeitinho" empregando hífen. O *registro.br*, órgão que cuida do registro de domínios *.com.br*, não diferencia domínios que tenham um hífen entre uma palavra e outra. Logo, se houver uma tentativa de se registrar a variante com o traço, ela será inócua.

CRIANDO AS PÁGINAS ESSENCIAIS

Por ser o cartão de visita da sua marca, o site deve conter todo tipo de informação relevante sobre o seu negócio e os produtos ou serviços que você oferece. Essas informações devem estar divididas em quatro páginas fundamentais: **Home Page**, **Produtos/Serviços**, **Localização** e **Contato**. Para explorar da melhor maneira as possibilidades de cada página, independentemente do seu ramo de atividade, acompanhe as nossas dicas:

HOME PAGE: Também chamada de página inicial, ela deve mostrar a essência do seu negócio de maneira direta e atraente, bem como encher os olhos dos visitantes mediante a identidade visual da sua marca. É recomendável incluir aqui uma breve apresentação, que destaque o seu diferencial e as soluções que você oferece aos consumidores, em um texto de linguagem adequada às suas personas. Inclua também referências externas que atestem a autoridade do seu negócio (clientes famosos, matérias jornalísticas etc.), imagens que tornem a home page mais leve e cativante e uma *call to action* articulada em opções como "clique aqui para saber mais" ou "compre agora", de modo a engajar os visitantes.

PRODUTOS/SERVIÇOS: Tão essencial quanto apresentar informações sobre seu negócio é dedicar uma página exclusiva aos produtos ou serviços que você oferece, aos moldes de um catálogo virtual. Aqui, seus esforços devem se concentrar na descrição clara dos produtos e serviços que você oferece, facilitando ao máximo a pesquisa do consumidor — o que implica a inclusão dos preços. Não menos importante, utilize recursos visuais atraentes, desde fotos de alta resolução até vídeos que mostrem o funcionamento de um produto ou a execução de um serviço.

LOCALIZAÇÃO: Informar a localização da sua loja é requisito indispensável. Se você não atende presencialmente, deve exibir o endereço do seu escritório no site para dar credibilidade ao negócio. Uma boa estratégia de exibição consiste em cadastrar-se no serviço Google Meu Negócio para incluir sua localização nos resultados de busca do Google, que incluem o Google Maps. Assim, você não só exibirá sua localização diretamente no Google em sua página como passará a integrar o mapa do buscador, colocando-se no radar dos usuários.

CONTATO: Uma empresa que disponibiliza vários canais de comunicação inspira segurança e confiabilidade. Portanto, dedique uma página exclusiva para os diferentes meios que o cliente pode usar para interagir com a sua empresa, a começar pelo telefone. Disponibilize, se puder, uma linha de telefone fixo e uma de celular para oferecer contato via WhatsApp. Informe também suas redes sociais e ofereça um formulário de contato, mas assegure-se de inserir um e-mail em uso para receber as mensagens. Acima de tudo, lembre-se de que oferecer pronto retorno é essencial para conquistar o público.

GERANDO DINAMISMO

As páginas **Home Page**, **Produtos/Serviços**, **Localização** e **Contato**, além de servirem como sustentação de seu site, têm outra característica em comum: não sofrem mudanças constantes. Por isso, são chamadas de páginas estáticas. Entretanto, o site do seu negócio não pode viver só dessa rigidez, e aqui chegamos às páginas dinâmicas. Elas requerem atualizações contínuas e incluem conteúdo que você deverá adicionar periodicamente, como notícias sobre a sua empresa e artigos sobre sua área de atuação. Usualmente sob a aba **Notícias**, as páginas dinâmicas fornecem as seguintes vantagens ao seu endereço virtual:

PORTAS DE ENTRADA	CRITÉRIO DE DESEMPATE
Cada página em seu site é uma porta de entrada, isto é, um caminho para o usuário acessá-lo. Quanto mais portas você disponibiliza, mais caminhos oferece para que os usuários o encontrem — e é aí que entram as páginas dinâmicas. Diferentemente das quase inflexíveis páginas estáticas, cujas portas de entrada começam e terminam em si, as páginas dinâmicas permitem a multiplicação dessas portas por meio da adição de conteúdo. Assim, cada postagem de notícia ou artigo representa uma nova porta de entrada para os usuários. Se você se programar para adicionar duas postagens diárias, ao fim de cada mês terá sessenta novas portas, abrindo caminho para um número maior de acessos ao mesmo tempo que consolida suas estratégias de conteúdo.	Digamos que você seja um psicólogo. Um usuário, após busca no Google, se depara com o seu site e com o de outro profissional. Enquanto o site desse profissional exibe apenas páginas estáticas, com sua localização e meios de contato, o seu apresenta todas essas informações e ainda uma página regularmente atualizada sobre os principais transtornos mentais que afetam as pessoas, bem como uma seção de artigos em que você repercute casos da atualidade com um olhar da psicologia. Alguma dúvida sobre qual deles cativará o usuário? Embora não obrigatórias, as páginas dinâmicas são o tempero no "arroz e feijão" das páginas estáticas, e se mostram com frequência o fator determinante para a escolha do usuário.

Criar um site funcional e atraente não é, portanto, uma ciência oculta, mas fruto de trabalho duro e dedicação constante. Investir em sua qualidade é o que torna sua casa "limpa" para as visitas, mas o que de fato as conduz até lá são as tão conhecidas **palavras-chave**. Elas representam o elo entre o que as pessoas procuram nos buscadores e o que você oferece. Para que você faça o melhor proveito de suas imensas possibilidades no marketing digital, acompanhe nas próximas páginas o passo a passo de como criar, categorizar e escolher as palavras-chave ideais, lançando as bases para suas estratégias de SEO e links patrocinados.

PALAVRAS-CHAVE EM TRÊS PASSOS

O que você faz quando está com vontade de assar um bolo de chocolate e não tem uma boa receita em mãos? Recorre ao Google, é claro, buscando desde o básico "bolo chocolate" até suas interessantes variações, entre elas a prática "bolo chocolate fácil", a esperançosa "bolo chocolate gostoso" e a pretensiosa "bolo de chocolate perfeito". Assim, públicos diferentes em busca de praticidade ou proezas culinárias encontram o que procuram em uma sequência curta e simples de termos, os quais chamamos de palavras-chave.

Adquirimos, ao longo dos anos, certa prática de resumir em poucas palavras aquilo que buscamos, mas, quando estamos do outro lado, oferecendo produtos ou serviços, deparamo-nos com uma incômoda realidade: sabemos procurar, mas não sabemos como ser encontrados. Aparecer na primeira página de resultados como a resposta ideal para os usuários é, portanto, nosso objetivo dentro da estratégia de marketing de busca por meio das palavras-chave. Funciona de modo teoricamente simples: ao definir as palavras-chave das suas páginas, você diz ao Google que seu conteúdo abrange com **precisão** os termos escolhidos. Se tal precisão for verdadeira, mais bem ranqueado seu site se tornará nos resultados e mais facilmente as pessoas em busca de tais palavras-chave o encontrarão, satisfazendo-se com as respostas ou soluções alcançadas. Mas, para que essa suposta simplicidade seja efetiva, você deve antes realizar o processo de criação, categorização e escolha das palavras-chave, o qual apresentamos a seguir nos passos ***brainstorming***, **categorização** e **seleção**:

PASSO 1 — *BRAINSTORMING*

O *brainstorming* — ou "tempestade de ideias", em tradução livre — implica pôr no papel tudo que vier à sua mente como resposta à pergunta: **quais palavras-chave eu pesquisaria na internet se estivesse em busca dos meus produtos ou serviços?**

Coloque-se no lugar de um cliente em potencial e registre todas as palavras-chave que puder imaginar. Não se iniba e mantenha mesmo as respostas que considerar ruins; a ideia aqui é relacionar opções sem pensar muito a respeito, pois você refletirá sobre elas apenas nos próximos passos. O método será ainda mais eficaz se realizado por mais de uma pessoa; afinal, quanto maior o número de envolvidos, maior o leque de palavras descobertas.

Uma vez realizado o *brainstorming*, você pode esboçar uma lista de possíveis palavras-chave, aqui ilustradas por dois exemplos de ramos distintos de serviços e produtos:

PSICÓLOGO	LOJA DE ROUPAS
Psicólogo, psicólogo SP, psicólogos centro, terapeutas, terapeuta SP, psicoterapeutas, psicanalista, terapia funciona, como vencer depressão, distúrbios psicológicos, quanto custa psicólogo, Freud	Moda feminina, roupas e acessórios, loja de roupas on-line, lojas de roupas, lojas legais, moda feminina loja física, calças, vestidos, botas de couro, blusas da moda, tendências da estação, como se vestir, comprar roupas na web, vestidos formatura

A partir desses exemplos, podemos lançar um primeiro olhar sobre as particularidades das palavras-chave. Supondo que o hipotético profissional da primeira lista seja um psicólogo residente na cidade de São Paulo, é essencial que ele vincule sua localização às palavras-chave abrangendo termos diferentes (psicólogo SP, terapeuta SP) para aumentar as chances de ser encontrado pelas pessoas da mesma cidade em busca de seus serviços, além de se associar às pesquisas sobre a efetividade da terapia — algo que não está necessariamente relacionado à vontade de aquisição de seus serviços — para despertar a atenção dos usuários ao seu endereço virtual. Já no caso da loja de roupas, as características de localização e a funcionalidade das palavras-chave dão lugar ao foco nos produtos; a despeito dos termos de pesquisa genéricos (loja de roupas on-line, comprar roupas na web), há uma prevalência de palavras-chave referentes a itens específicos (calças, botas de couro, vestidos formatura) que se vinculam a uma pluralidade maior de buscas. Assim, em suas características distintas, todos os caminhos das palavras-chave podem levar à sua Roma, mas, para que entendamos melhor essas características, avancemos para a etapa de categorização.

PASSO 2 — CATEGORIZAÇÃO

As palavras-chave, como notamos nos exemplos do psicólogo e da loja de roupas, apresentam características afins que nos permitem agrupá-las em categorias. Essa categorização serve a dois propósitos: organizar os resultados do *brainstorming* e nos ajudar a "destrinchar" novas palavras-chave. Aqui, propomos uma divisão com base nas categorias **Identificação**, **Localização**, **Especialidade** e **Miscelânea**, cada qual detalhada nas próximas páginas junto aos exemplos do passo anterior. Sinta-se, porém, livre para criar subcategorias ou novas classificações que melhor lhe aprouverem em seu método de organização, tomando nota das dicas de como pensar as novas palavras-chave:

Identificação

PSICÓLOGO	LOJA DE ROUPAS
Psicólogo, terapeutas, psicoterapeutas, psicanalista, clínicas psicologia, psiquiatra[3]	Moda feminina, roupas e acessórios, loja de roupas on-line, lojas de roupas, lojas legais, site de roupas, site de roupas para mulheres

---

[3] Você pode estar se perguntando o que a palavra-chave "psiquiatra" faz ali, uma vez que se trata de uma profissão distinta. A intenção, obviamente, não é enganar as pessoas em busca de um psiquiatra, mas atraí-las até o site para que, mediante conteúdo que explique as diferenças entre os profissionais, possam se dar conta de que precisam, na realidade, dos serviços de um psicólogo. A mesma lógica vale para os termos "terapeuta" e "psicoterapeuta", referentes a profissionais que atuam na mesma área da saúde, a despeito das formações distintas. O segredo, portanto, é incluir atalhos e informações que ajudem as pessoas a entender melhor suas próprias necessidades e, ao mesmo tempo, favorecer seu negócio.

A categoria **Identificação** compreende as palavras-chave que refletem a essência de seu negócio, bem como seus produtos ou serviços. Relacionadas às buscas diretas por uma loja ou profissional, as palavras-chave desta categoria beneficiam-se, sobretudo, dos diferentes **sinônimos** para o seu ramo, de modo que o dicionário se torna seu aliado ideal na busca por novos termos. As palavras-chave em destaque na tabela anterior, adicionadas neste segundo passo, trazem exemplos da lógica do sinônimo (feminina/mulheres) e do destaque ao local físico de trabalho (clínicas psicologia) para expandir as possibilidades de ser encontrado.

Localização

PSICÓLOGO	LOJA DE ROUPAS
Psicólogo SP, psicólogos Centro, terapeuta SP, psicólogo Bela Vista, psicólogo Sé, psicólogo Avenida Paulista	Moda feminina loja física, loja de roupas unidade, loja de roupas onde encontrar, loja de roupas para mulheres localização, onde comprar roupas femininas unidade, loja física peças femininas, loja de artigos femininos localização

A categoria **Localização** engloba as palavras-chave referentes às regiões e aos locais físicos buscados pelas pessoas na internet. Aqui, como observado anteriormente, os termos devem se concentrar no nome ou sigla da cidade onde você atua, bem como na zona ou bairro onde está inserido (psicólogos Centro, psicólogo Bela Vista). Nesse sentido, é também interessante para sua estratégia trazer palavras-chave referentes a bairros próximos ou endereços conhecidos ao redor para aumentar suas chances de localização pelos usuários (psicólogo Sé, psicólogo Avenida Paulista). Em relação ao exemplo da loja de roupas, se há loja física, é importante destacar sua existência por meio de termos que façam referência a esse espaço "real" (loja de roupas unidade, loja de roupas onde encontrar), mas se sua atuação é apenas virtual, você pode simplesmente ignorar essa categoria.

Especialidade

PSICÓLOGO	LOJA DE ROUPAS
Como vencer depressão, distúrbios psicológicos, síndrome do pânico, crise de ansiedade, behaviorista, psicanalista	Calças, vestidos, botas de couro, blusas da moda, jaquetas jeans, saias estampadas, tênis casual

Na categoria **Especialidade**, o objetivo é destacar em palavras-chave seu **universo de atuação**. No caso de negócios como a loja de roupas, isso significa aludir aos seus próprios produtos, acrescentando características (jeans, couro, casual) que ajudem a diversificar seu leque de palavras-chave. Já em relação aos profissionais liberais, as palavras-chave devem aludir às razões que levam as pessoas a buscar seus serviços — no caso do psicólogo, os distúrbios tratados por essa área e as abordagens psicológicas nas quais o profissional se especializou. Isso abre espaço para elucidar esse seu universo de atuação por meio do conteúdo, como os sintomas e as formas de tratamento dos transtornos mentais, de maneira a demonstrar sua autoridade no assunto e deixar seu cliente em potencial mais seguro de sua escolha.

Miscelânea

PSICÓLOGO	LOJA DE ROUPAS
Terapia funciona, quanto custa psicólogo, Freud, Jung, livros sobre psicologia, filmes sobre psicologia	Tendências da estação, como se vestir, dicas de moda, looks da moda, sugestão look de festa, conselhos de estilista, biquínis da moda

A categoria **Miscelânea** abrange as palavras-chave que não se encaixam nas classificações anteriores e que podem gerar, se bem articuladas, uma rica produção de conteúdo. Consideremos o exemplo do psicólogo: se as pessoas em busca de informações sobre Sigmund Freud e Carl Jung ou à procura de livros e filmes que tratem de psicologia são conduzidas a bons artigos em seu site por meio dessas palavras-chave, podem concluir que o profissional em questão não é apenas um psicólogo comum, mas um grande entusiasta de sua área, o que inspira confiabilidade. A mesma lógica vale para a loja de roupas: se ela atrai usuários para conteúdo que vá além dos produtos em si mediante palavras-chave como "dicas de moda" e "como se vestir", privilegia-se tanto sua estratégia de marketing de busca quanto de conteúdo, fortalecendo a imagem do negócio aos olhos dos possíveis consumidores.

Uma vez classificadas as palavras-chave, você pode criar sua própria árvore de palavras-chave, organizando-as em uma só tabela para facilitar a visualização. A seguir, você pode conferir as árvores dos exemplos do psicólogo e da loja de roupas.

MARKETING DE BUSCA

Árvore de palavras-chave do psicólogo

IDENTIFICAÇÃO	LOCALIZAÇÃO	ESPECIALIDADE	MISCELÂNEA
Psicólogo	Psicólogo SP	Como vencer depressão	Terapia funciona
Terapeutas	Psicólogos Centro	Distúrbios psicológicos	Quanto custa psicólogo
Psicoterapeutas	Terapeuta SP	Síndrome do pânico	Freud
Psicanalista	Psicólogo Bela Vista	Crise de ansiedade	Jung
Clínicas psicologia	Psicólogo Sé	Behaviorista	Livros sobre psicologia
Psiquiatra	Psicólogo Avenida Paulista	Psicanalista	Filmes sobre psicologia

Árvore de palavras-chave da loja de roupas

IDENTIFICAÇÃO	LOCALIZAÇÃO	ESPECIALIDADE	MISCELÂNEA
Moda feminina	Moda feminina loja física	Calças	Tendências da estação
Roupas e acessórios	Loja de roupas unidade	Vestidos	Como se vestir
Loja de roupas on-line	Loja de roupas onde encontrar	Botas de couro	Dicas de moda
Loja de roupas	Loja de roupas para mulheres localização	Blusas da moda	Looks da moda
Lojas legais	Onde comprar roupas femininas unidade	Jaquetas jeans	Sugestão look de festa
Site de roupas	Loja física peças femininas	Saias estampadas	Conselhos de estilista
Site de roupas para mulheres	Loja de artigos femininos localização	Tênis casual	Biquínis da moda

Com as palavras-chave pensadas e categorizadas, podemos enfim partir para a etapa de **Seleção**, sentando-nos à mesa em que o Google dá as cartas.

PASSO 3 — SELEÇÃO

Esqueça aquela pergunta que fizemos, no início do primeiro passo, sobre as palavras-chave que você pesquisaria se estivesse em busca dos próprios produtos ou serviços. Ela nos guiou até aqui, mas nem sempre o que imaginamos bate com a realidade das buscas diárias. Para que o processo de pesquisa de palavras-chave se torne eficiente, a pergunta a orientar nossos esforços deve ser outra: **quais sugestões de palavras-chave o Google nos oferece ao cruzar nossas listas com as incontáveis pesquisas reais realizadas todos os dias?**

Para descobrir, usaremos uma ferramenta chamada Google Keyword Planner, ou Planejador de Palavras-Chave do Google. Serviço oferecido pelo Google Ads — plataforma destinada à estratégia de links patrocinados, que abordaremos no próximo subcapítulo —, o Keyword Planner compara as palavras-chave da nossa árvore com dezenas de outros termos de pesquisa, exibindo a quantidade estimada de buscas mensais de cada um deles a fim de nos auxiliar a encontrar as palavras-chave mais adequadas ao nosso plano de ação. Para aprender a interpretar essa ferramenta de importância fundamental às práticas de SEO e links patrocinados e, assim, selecionar os melhores termos, acompanhe a seguir o nosso guia.

Acessando o Keyword Planner

Para acessar o Keyword Planner você deve, de antemão, preencher um breve cadastro na plataforma Google Ads.

Supõe-se que você está iniciando uma campanha de publicidade, por isso, o cadastro pede informações sobre suas metas e as regiões que deseja atingir. Se a sua intenção for, por ora, apenas experimentar o planejador de palavras-chave, pode inserir dados incompletos nessa etapa. Lembre-se, porém, de que o Google Ads será um futuro aliado nas estratégias de links patrocinados, portanto, é interessante aproveitar essa oportunidade para lançar as bases de suas futuras campanhas.

O Google Ads também pedirá os dados do seu cartão de crédito antes de avançar para as etapas seguintes. Você pode inserir as informações apenas para validar o acesso e, logo em seguida, **pausar** a campanha de anúncio simulada para que não haja nenhuma cobrança.

O acesso ao Keyword Planner será garantido pela opção "Modo Especialista", que oferece acesso à versão completa do Google Ads.

Usando o Keyword Planner

Sua primeira tarefa no Keyword Planner será adicionar os termos de sua árvore de palavras-chave para que, a partir delas, o Google exiba as palavras-chave sugeridas e a média de pesquisas mensais de cada um dos termos. Recomendamos que você trabalhe suas listas categorizadas separadamente para facilitar a organização.

O Keyword Planner exibirá, separadamente, a sua lista de palavras-chave e os termos sugeridos pelo Google, bem como a média de pesquisas mensais e seu grau de procura, que pode ser baixo, médio ou alto. Uma palavra-chave com **baixo** grau de pesquisa apresenta de dez a cem pesquisas mensais, uma de **médio** grau exibe de mil a dez mil pesquisas por mês e uma de **alto** grau ostenta de dez mil a mais de um milhão de pesquisas mensais. Esses dados nos fornecem o ponto de partida para a interpretação do Planejador de Palavras-Chave, o qual observaremos a princípio com base nas sugestões do próprio

Google referentes à categoria **Identificação** de nosso exemplo da Loja de Roupas:

Ideias de palavra-chave	
☐ blusas femininas	100 mil – 1 mi
☐ moda evangélica	10 mil – 100 mil
☐ moda plus size	10 mil – 100 mil
☐ Renner roupas	10 mil – 100 mil
☐ lingerie famosas	10 mil – 100 mil
☐ roupa social feminina	10 mil – 100 mil
☐ roupas para revender	10 mil – 100 mil
☐ posthaus plus size	10 mil – 100 mil

O que primeiro nos chama a atenção é a quantidade de buscas do termo **blusas femininas**. Palavras-chave dessa natureza, que também incluem exemplos como **roupa feminina** ou **roupa para mulheres**, são o seu *must-have* — ou "tem que ter", como se diz na própria linguagem do mundo fashion. Isso porque são **genéricas** e se beneficiam dessa obviedade (supõe-se que qualquer loja de roupas femininas terá blusas femininas) para angariar uma imensa quantidade de buscas.

Porém, se estamos falando de marketing, devemos também pensar além do óbvio e criar oportunidades a partir do que observamos nas grandes demandas. Note, por exemplo, que logo abaixo de **blusas femininas** temos um segmento muito menos genérico: **moda evangélica**. Considerando seu alto grau de buscas, podemos explorar tal nicho criando uma curadoria de produtos voltados para esse público e inserindo no endereço virtual conteúdos relacionados com as devidas palavras-chave. Assim, o Google entenderá que esse segmento é contemplado por seu site e, por meio do algoritmo de ranqueamento, fará com que você apareça mais à frente nos resultados de pesquisa, atraindo essa demanda para o seu negócio. A mesma lógica se aplica a palavras-chave de alto índice, como **moda plus size** e **roupa social feminina**, nichos que podem ajudá-lo a construir seu diferencial em relação à concorrência.

Palavra-chave (por relevância) ↓	Média de pesquisas mensais
Ideias de palavra-chave	
☐ psicologia	100 mil – 1 mi
☐ psicoterapia	10 mil – 100 mil
☐ Carl Gustav Jung	1 mil – 100 mil
☐ psiquiatra	10 mil – 100 mil
☐ psicólogo on-line	10 mil – 100 mil
☐ psicológico	10 mil – 100 mil
☐ terapia cognitivo comportamental	10 mil – 100 mil
☐ conselho federal de psicologia	10 mil – 100 mil
☐ terapia comportamental	10 mil – 100 mil
☐ psicologia on-line	10 mil – 100 mil

Já nos resultados referentes à categoria **Identificação** de nosso exemplo do **Psicólogo**, a palavra-chave que apresenta números mais expressivos é **psicologia**, seguida por uma variedade de termos de ocorrência semelhante entre si. Enquanto a primeira, como no caso de **blusas femininas**, é indispensável à estratégia pela mesma lógica da generalidade, as demais proporcionam oportunidades de explorar segmentos distintos dentro de seu conteúdo à procura de atrair o público dessas buscas. É o que ocorre no caso de buscas por termos como **psicoterapia** e **terapia cognitivo comportamental** — abordagens que, embora não sejam necessariamente de especialidade do psicólogo, ajudam a aumentar sua autoridade na área quando desenvolvidas em artigos que explicam suas particularidades.

É a partir dessa leitura das palavras-chave genéricas e segmentadas de alta procura que aprendemos a tirar proveito do Keyword Planner, fomentando em conjunto nossas estratégias de marketing de busca e conteúdo. Ao reunir o conhecimento necessário para a criação, categorização e seleção das palavras-chave, podemos dar início ao nosso plano de ação para usufruir das técnicas de SEO e links patrocinados, ambas cruciais para a visibilidade de nosso negócio.

PLANO DE AÇÃO EM SEO E LINKS PATROCINADOS

No começo deste capítulo, explicamos em linhas gerais as estratégias de SEO e de links patrocinados e recomendamos seu uso concomitante em um plano de marketing de busca. Isso porque, embora funcionem de forma individual, ambas trazem maiores retornos quando desenvolvidas simultaneamente, em virtude do retorno imediato das estratégias de links patrocinados e do retorno de longo prazo das estratégias de SEO. Agora chegou a hora de colocá-las em prática em nosso **plano de ação**. Vamos abordar as técnicas mais recomendadas de ambas as abordagens para alçar um negócio à primeira página do Google e gerar tráfego em seu site para a conversão de visitantes em clientes. Comecemos, então, com a **Otimização para Sites de Busca**.

ETAPA I: SEO, OU OTIMIZAÇÃO PARA SITES DE BUSCA

Nós temos a tendência de acessar não só os resultados iniciais de um buscador, mas os resultados orgânicos. Não se trata de uma suposição: de fato, os cinco primeiros resultados orgânicos na primeira página de um buscador são responsáveis por 67,60% de todos os cliques (IMPACTBND, 2019). Podemos mensurar a partir daí o impacto de uma boa articulação das técnicas de Otimização para Sites de Busca, focadas no uso eficiente das palavras-chave na criação de conteúdo, para mostrar ao Google que somos o resultado ideal da pesquisa dos usuários e, consequentemente, sermos posicionados no topo da busca orgânica. Vejamos, a seguir, as principais boas práticas de SEO e como exercê-las de maneira efetiva:

- **Faça da relevância a sua palavra de ordem**
  Não há sentido em aplicar inúmeras técnicas que melhorem seu posicionamento no Google se o seu conteúdo é irrelevante para o usuário. A primeira regra da Otimização para Sites de Busca é oferecer um conteúdo de qualidade, que seja útil para os visitantes. Se a qualidade dá lugar à pobreza de argumentos, os usuários não retornam ao seu site e

criam uma impressão negativa a respeito da marca. Além disso, os próprios motores de busca do Google deixam de ranqueá-lo quando rastreiam a falta de engajamento dos usuários com seu conteúdo. Portanto, invista na relevância daquilo que você publica, pois, assim, o retorno em termos de tráfego e posicionamento será uma consequência natural.

- **Tenha uma boa escrita**
Erros de português em seu conteúdo já são, em si, motivo suficiente para afetar a percepção do público em relação à qualidade daquilo que você oferece. Dentro de uma estratégia de SEO, o problema ganha uma dimensão ainda maior, pois, quando o Google identifica muitos erros em um texto, interpreta-o como spam, o que prejudica fortemente o endereço virtual no ranqueamento do buscador. Lembre-se das técnicas de *copywriting* aprendidas no capítulo sobre **marketing de conteúdo** e ofereça uma escrita correta e fluida tanto aos usuários quanto ao Google.

- **Não seja raso**
Dificilmente uma pessoa em busca de informações sobre transtornos mentais encontrará o que precisa em apenas algumas linhas. Muitos conteúdos exigem um aprofundamento impossível de se oferecer em poucas palavras, e o Google sabe interpretar quando o tamanho do seu artigo não "casa" com a questão que se pretende resolver na busca. Portanto, quanto mais você se estender em seu conteúdo, mais bem posicionado será pelos motores de bus-

ca. E lembre-se: os artigos devem ser de sua autoria, pois o Google punirá seu endereço virtual se encontrar textos plagiados.

- **Atraia & engaje**
Como dissemos anteriormente, o Google interpreta de forma negativa a falta de engajamento dos usuários em um site. Isso porque seus motores de busca entendem que, se as pessoas não clicaram em nada ou passaram pouco tempo nele, não gostaram do que viram, o que interfere em seu posicionamento. Portanto, além de oferecer conteúdo relevante, garanta um acesso proveitoso por meio de páginas esteticamente atraentes e de carregamento rápido. Além disso, disponibilize conteúdo adicional mediante inscrição e incentive o contato dos usuários para conquistar o almejado engajamento — e ficar bem-visto aos olhos do Google.

- **Utilize links internos e externos**
Os links internos são comandos que direcionam os usuários para outras páginas dentro do seu próprio endereço virtual; já os links externos conduzem a páginas de outros sites. Para usar os primeiros a seu favor na estratégia de ranqueamento, a sugestão é criar um **mapa do site** em sua página principal, por intermédio do qual os usuários possam acessar as demais páginas de conteúdo. Assim, os motores de busca poderão atestar a presença dessas páginas durante a varredura na página principal e privilegiarão o posicionamento do seu site.

- Em relação aos links externos, quando você os utiliza para levar os usuários a outros endereços virtuais, é como se dissesse ao Google que o seu site e o "coleguinha" podem solucionar em conjunto a dúvida ou problema do visitante com seus conteúdos aprofundados — uma estratégia que beneficia ambos no ranqueamento. Isso significa que é benéfico que outros sites direcionem usuários para o seu endereço virtual, desde que sigam o mesmo padrão de qualidade, pois assim o Google interpreta que há relevância em sua página. Ao postar um artigo em algum site externo ou fazer algum comentário, insira, quando apropriado, o endereço do seu site.

- **Use as palavras-chave nos lugares certos**
  Saber escolher as palavras-chave ideais não basta; é preciso saber também **onde** colocá-las para otimizar sua estratégia junto aos motores de busca, o que nos leva às suas quatro localizações fundamentais: o **texto do conteúdo**, o **título**, o URL e a **metadescrição**. A seguir, aconselhamos como fazer o melhor uso das palavras-chave em cada um desses espaços:

  - **Texto do conteúdo**: Utilize palavras-chave variadas nos artigos com o intuito de não tornar a leitura repetitiva, mas também tenha cuidado para não atrapalhar sua fluidez com uma avalanche de termos engessados.

  - **Título**: O título do seu artigo deve incluir uma palavra-chave representativa de seu conteúdo para agradar aos motores de busca, que privilegiam a coerência entre título e texto no ranqueamento. Lembre-se também de que as pessoas veem o título do seu conteúdo nos resultados de busca, portanto, certifique-se de harmonizar a palavra-chave com os demais termos para torná-lo atraente.

- **URL:** O URL, ou Localizador Uniforme de Recursos, é o endereço eletrônico que digitamos para acessar um site ou página em específico. Por figurarem entre os primeiros elementos que os motores de busca rastreiam, os URLS de suas postagens devem conter as principais palavras-chave do conteúdo, mesmo que isso os torne extensos.

- **Metadescrição:** Sabe aquele texto que aparece nos resultados da busca logo abaixo do URL para descrever o conteúdo de uma página? Ele é conhecido como "metadescrição". Idealmente, devem-se inserir as chamadas palavras-chave de cauda longa na metadescrição. Trata-se de palavras-chave mais extensas e voltadas a um público específico. Essa estratégia será favorável não só ao seu posicionamento como também às possibilidades de conversão dos visitantes.

- **Otimize suas imagens**

Por meio do *alt text*, ou texto alternativo, você pode descrever as imagens de sua página utilizando as principais palavras-chave do conteúdo ao qual elas estão relacionadas. Deste modo, elas se tornarão reconhecíveis para os motores de busca do Google e, como consequência, favorecerão o seu ranqueamento.

- **Evite artimanhas**
  As práticas de SEO representam, em sua essência, um esforço contínuo de geração de conteúdo para atender os usuários e o Google, e toda trapaça que busque contornar esse esforço deve levantar suspeitas. Atitudes como utilizar palavras-chave não relacionadas ao seu conteúdo para atrair usuários ou lançar mão de spam em outros sites para autopromoção podem não só impedir o seu ranqueamento como, em alguns casos, são passíveis de punição pelo Google.

Assim que você der início às práticas de SEO, deve monitorar os resultados de suas ações para verificar quais estratégias estão funcionando e quais precisam de ajustes. Há duas ferramentas interessantes para esse propósito: o serviço gratuito em inglês SEO Report Card e o software pago Semrush. No primeiro, você recebe um relatório contendo dados como a classificação de seu site nos buscadores Google, Bing e Yahoo! de acordo com a palavra-chave apontada, a facilidade de leitura dos motores de busca e a quantidade de endereços virtuais que apresentam links para o seu site. Já o Semrush oferece um serviço mais aprofundado, que torna possível analisar desde as palavras-chave mais relevantes aos seus produtos ou serviços até as estratégias de tráfego e conversão de sua concorrência.

Embora as técnicas aqui apresentadas sejam comprovadamente eficientes e não haja razão, pelo menos por ora, para que as alteremos, é importante que você fique atento a eventuais mudanças nos critérios dos motores de busca. Mantenha-se sempre atualizado a respeito das práticas de SEO e das políticas do Google e seja consistente na aplicação dessas estratégias para alcançar organicamente a primeira página de resultados no médio e longo prazos.

Para um bom impulso à geração de tráfego, que compense o ritmo mais lento (embora constante) do SEO, aplicaremos as técnicas de links patrocinados na segunda etapa do nosso plano de ação.

ETAPA II: LINKS PATROCINADOS

Quando você acessa a primeira página dos resultados de uma busca no Google e encontra, no topo da lista, uma ocorrência acompanhada do termo "Anúncio", está diante de um link patrocinado. A posição privilegiada do link patrocinado garante uma visibilidade capaz de entregar resultados rápidos de geração de tráfego, e ela pode ser conquistada quer por um profissional liberal, quer por uma pequena ou grande empresa. Mas isso tem um preço — literalmente. Os links patrocinados do Google dispõem de um conjunto de ferramentas **pagas** para atrair o público, e aquela que mais se adequa aos nossos interesses é o sistema de Pagamento por Clique (PPC). Nesse método, o anunciante paga um valor predeterminado toda vez que um usuário acessa o seu anúncio. Esse valor é definido em uma espécie de leilão, no qual o investidor com o maior lance obtém o melhor posicionamento. Mas isso não significa que o sistema favorece apenas quem pode investir mais; aqui, é também fundamental garantir a qualidade do seu anúncio e do seu conteúdo para que o Google Ads, serviço de publicidade responsável pelos links patrocinados do Google, promova seu ranqueamento, a despeito de um eventual menor Custo por Clique (CPC). Para fazer bom uso das técnicas de links patrocinados e conferir ao seu negócio o tão almejado *boom* de visibilidade, recomendamos a promoção das seguintes práticas:

- **Dê um pontapé inicial certeiro**
  Toda campanha de links patrocinados requer, antes de qualquer etapa, clareza de objetivo e disponibilidade financeira. Você deve definir sua meta de campanha, como divulgar seu site como um todo ou um produto ou serviço específico, para alinhar suas estratégias e evitar o desperdício de verba em ações que não atendam, por ora, às suas intenções. Em relação à disponibilidade financeira, ainda que seja possível investir um valor consideravelmente baixo no Custo por Clique, é provável que você acabe jogando dinheiro fora por não conquistar o mínimo desejado de tráfego — cortesia de uma concorrência sempre disposta a pagar um pouco mais e tomar seu "lugar ao sol". Assim, recomendamos um investimento mais substancial, que, aliado a um objetivo sólido, dê um impulso **palpável** às suas campanhas.

- **Pense baixo para pensar grande**
"Não é porque você pode que você deve", como dizem por aí. Ainda que disponha de uma boa verba, não sucumba a delírios de grandeza nesse momento embrionário de sua campanha de links patrocinados. Comece por baixo, com poucas — e boas! — palavras-chave e regiões de alcance, remanejando aos poucos (e conforme suas futuras necessidades) os seus investimentos e áreas de abrangência.

- **Seja interessante**
Assim como ocorre na Otimização para Sites de Busca, é essencial que os links patrocinados conduzam os visitantes a páginas atraentes, que provoquem seu engajamento. Afinal, se no SEO essa ausência de interesse é punida com a falta de ranqueamento, aqui o ônus é monetário: quando os usuários saem rapidamente de seu site, o Índice de Qualidade de sua campanha cai e o seu Custo por Clique fica mais caro.

- **Dê atenção ao texto do anúncio**
O link patrocinado será a primeira impressão do seu negócio para muitas pessoas, portanto, é importante atentar para a qualidade do seu texto. Para criar o anúncio ideal, recomendamos que você aborde os problemas que pretende solucionar para os usuários, inclua as palavras-chave da busca e aposte em *calls to action* para provocar engajamento.

- **Descubra os dias e horários ideais para os seus anúncios**
Uma pesquisa feita pela consultoria multinacional RTB

House revelou que, no Brasil, os melhores dias para anunciar na internet são as terças e quintas-feiras. Já os horários ideais correspondem aos períodos das 14h às 16h e das 20h às 23h do horário de Brasília (ABEMD, 2019). Trata-se de um norte interessante para seu planejamento, mas se você quer descobrir por experiência própria os dias e os horários em que obtém mais conversões, sugerimos que acompanhe o desenvolvimento de uma campanha ao longo de três ou quatro semanas e acesse a opção "Programação de anúncios" no Google Ads a fim de analisar as estatísticas e detectar padrões nos picos de conversão. Assim, você poderá tirar vantagem dos dias e horários que sua experiência mostre adequados, aumentando os lances de Custo por Clique em tais períodos.

- **Explore as palavras-chave de cauda longa**
Palavras-chave de cauda longa, como "vestido comprido azul de festa" ou "adestramento de cães em domicílio Rio de Janeiro", referem-se a buscas específicas dos usuários, portanto, apresentam menor concorrência e requerem investimentos inferiores nas campanhas de links patrocinados, uma vez que o Custo por Clique está relacionado à demanda. Tire proveito dessas palavras-chave, que apresentam taxas de conversão mais altas com relação às demais por refletirem necessidades ou desejos precisos dos usuários, e deixe os termos mais genéricos para as práticas de SEO.

- **Negative palavras-chave**
    A função das palavras-chave negativas é impedir que usuários fora de seu escopo acessem os seus anúncios. Essa prática pode soar duvidosa quando nosso objetivo maior é a visibilidade, mas trata-se de uma estratégia essencial nas campanhas de links patrocinados, sobretudo para o seu bolso. Considere, por exemplo, que você possui uma loja que comercializa joias masculinas de prata. Nesse caso, é do seu interesse negativar termos que possuam alguma conexão, mas não estejam alinhados com os seus produtos, como "joias femininas" e "joias de ouro". Isso evita que pessoas buscando esses itens "caiam" no seu anúncio, fazendo-o pagar por um clique que não gera conversão. Assim, você garante que as campanhas de seus produtos ou serviços sejam direcionadas ao público interessado.

- **Acompanhe as conversões**
    O acompanhamento de conversões é um recurso disponibilizado pelo Google Ads que permite ao usuário visualizar e administrar os dados relacionados às conversões do seu site. Com ele, você pode monitorar interações que vão desde a visualização de um vídeo até a compra de um produto ou serviço. Aqui, é fundamental que sejam averiguadas com regularidade informações como o número de conversões, as taxas de conversão em âmbitos como campanha, dispositivo e anúncio e os valores das transações para o direcionamento correto de suas estratégias.

Para o monitoramento de resultados nas estratégias de links patrocinados, há quatro métricas imprescindíveis que orientam nossos esforços atuais e futuros no Google Ads: a CTR, a Taxa de Rejeição, o Índice de Qualidade e o ROI. A CTR, ou Taxa de Cliques, compreende o total de usuários que clicaram em seu anúncio em relação ao total de visualizações de sua campanha. Trata-se, portanto, de uma métrica de análise da eficiência de suas campanhas: quanto maior a CTR, maior a capacidade de os seus anúncios arrebatarem cliques. A **Taxa de Rejeição**, por sua vez, exibe o percentual de usuários que acessaram o seu site pelo anúncio e saíram sem visitar outras páginas, atuando como um termômetro da própria relevância do seu conteúdo. Já o **Índice de Qualidade** consiste na avaliação que o próprio Google atribui ao desempenho de sua campanha, conferindo a ela uma nota de 1 a 10 com base na experiência do usuário em seu endereço virtual, na relevância dos seus anúncios e na probabilidade de eles serem acessados. Por fim, o ROI, ou Retorno Sobre Investimento, informa o retorno percentual angariado por meio de suas campanhas, isto é, os ganhos financeiros que você conquistou a partir da veiculação de seus anúncios, o que também pode representar uma importante medição do sucesso de suas práticas.

Com um olhar atento sobre essas quatro métricas, a respeito das quais você deve manter-se atualizado — em razão de possíveis alterações nas políticas do Google —, suas campanhas de links patrocinados adquirem a qualidade e a força necessárias para impulsionar seus objetivos de visibilidade e conversão no futuro próximo. Em conjunto com as práticas de

SEO, formam uma estrutura sólida de atuação em marketing de busca.

E assim definimos os parâmetros que garantem não só que sejamos parte das sessenta e três mil consultas por segundo do Google, mas que ofereçamos às pessoas exatamente o que procuram quando digitam as "palavras mágicas" ao lado da pequena lupa. Não há como negar: o mundo está no Google. No entanto, não é apenas lá que a vida on-line acontece. Existe um universo à parte em que as pessoas se conectam entre si e compartilham e curtem todo tipo de conteúdo. É o universo das redes sociais. Nas próximas páginas, vamos decifrar os segredos da interação ideal com o público e do fortalecimento da sua imagem. Afinal, jogar no Google é fácil; difícil mesmo é reinar nas redes.

CAPÍTULO 5
MARKETING DE REDES SOCIAIS

SOB O PACTO DA INTERATIVIDADE

Há alguns anos, a atribulada política brasileira ganhava as manchetes com um novo escândalo: segundo gravações divulgadas pelo empresário Joesley Batista em delação premiada, o então presidente da República, Michel Temer, aprovara o pagamento de propina ao ex-deputado Eduardo Cunha em troca de seu silêncio. A notícia repercutiu nas redes sociais, gerando comentários indignados, análises de cientistas políticos formados pela "Universidade da Internet" e os sempre pontuais memes, que povoaram as linhas do tempo dos usuários com imagens cômicas do presidente. No entanto, quem atrairia a atenção naquela noite à custa do caso não seria um político adversário ou um humorista, mas a plataforma de serviços de transmissão on-line Netflix. Por meio do Twitter oficial de *House of Cards*, série ficcional de grande sucesso produzida pela plataforma e inspirada nos bastidores da política norte-americana, a gigante do *streaming* só precisou de três palavras para que sua postagem fosse compartilhada mais de 140 mil vezes na rede, seu nome despontasse na lista dos assuntos mais comentados do Twitter e ela própria virasse notícia: "Tá difícil competir."

A postagem tornou-se *case*, é claro. Mas *case* do quê, exatamente? A Netflix não atendeu a um desejo ou necessidade do consumidor, tampouco o inspirou com belas palavras. Houve apenas uma mensagem postada na crista da onda, uma tirada sobre um assunto que estava na boca do povo. A questão é que ela não parecia saída do canal de uma empresa, mas da boca de um amigo com quem dividimos uma cerveja no boteco. Esse **jeito** de comunicar-se é próprio do que entendemos hoje como interatividade no marketing. É mais do que conversar com os consumidores: é viver seu universo para entender o que pensam, do que gostam e do que desgostam, e daí extrair material para engajá-los — o que nos leva de volta ao primeiro capítulo deste livro. Se lidamos com pessoas que desejam sentir-se representadas pelas marcas, podemos estabelecer com elas uma ligação **pessoal** ao lembrá-las de que, por trás dessas mesmas marcas, também há pessoas. E é desse pacto da interatividade humana, impulsionador das pequenas e grandes empresas na atualidade, que trata o marketing de redes sociais.

Em sua definição mais simples, as redes sociais são ferramentas de compartilhamento de informações. Bilhões de pessoas no mundo conectam-se a redes como Facebook, Twitter e Instagram em busca de manter contato com familiares e amigos, acessar notícias e falar sobre os mais diversos assuntos, e as marcas acertadamente exploram o potencial desse meio a seu favor. Os benefícios, como listados pelas empresas em um relatório da Social Media Trends, são muitos: divulgar a marca, engajar o público, elevar o tráfego no endereço virtual, aumentar as vendas e expandir a quantidade de clientes (Sebrae, 2017). Tais conquistas são obtidas nas redes sociais quando marcas como a Netflix lançam mão de uma linguagem própria para comunicar-se e atender aos clientes. Com isso, elas detectam oportunidades de engajamento nas pequenas coisas que fazem parte da vida das pessoas, reconhecendo em uma denúncia de corrupção, por exemplo, a chance ideal de divertir a audiência e, ao mesmo tempo, promover indiretamente seus próprios produtos e serviços. Para muitos, as marcas podem até parecer frívolas ao recorrerem a esse tipo de abordagem, sobretudo no apelo aos memes, mas nada têm disso: elas sabem que engajar um público ávido por conteúdo que fale **sobre eles, para eles** é o caminho ideal para estreitar essa conexão humana com o cliente e fortalecer seu negócio.

Trabalhar o marketing nas redes sociais é, portanto, a nossa tarefa atual. Nas próximas páginas, esmiuçaremos as particularidades das mais populares redes sociais da atualidade e veremos como explorar suas possibilidades com o intuito de aplicar estratégias de sucesso à sua marca. Também vamos apresentar um passo a passo de como articular um planejamento ideal para a execução dessas estratégias. Essa abordagem ainda permitirá que você conheça mais a fundo seus clientes, colocando-se frente a frente com seus desejos e necessidades para otimizar sua própria oferta de produtos ou serviços — tudo a um preço consideravelmente mais baixo do que o das estratégias em mídias tradicionais, como a TV e o rádio. Essa experiência proveitosa deve começar pela assimilação de dez boas práticas, válidas para quaisquer redes e que devem nortear todas as nossas ações.

AS DEZ BOAS PRÁTICAS

O céu pode parecer o limite quando tratamos das possibilidades oferecidas pelas redes sociais, que unem pessoas e instituições de todo o mundo, mas há um conjunto de atitudes que empresas e profissionais liberais podem adotar não só para preservar suas imagens, mas também para potencializar suas estratégias de marketing digital. Não se trata de uma lista de regras, mas de boas práticas adquiridas por experiência, o que nos permite reconhecer sua validade. Ainda que cada negócio e cada rede social tenham suas particularidades, as dez condutas a seguir valem para todos:

1. CUIDE DE SUA VOZ

    Sua voz é o seu bem mais precioso nas redes sociais. As pessoas julgarão sua marca pela maneira como você se comunica com elas, portanto, tão importante quanto tratá-las de maneira respeitosa e gentil é permitir que elas se identifiquem com essa voz. Em termos práticos, seja "jovem" para o público infantojuvenil e a "melhor amiga" das mulheres que formam o público de sua loja de cosméticos no Facebook.

2. ATENDA BEM AO PÚBLICO

    As redes sociais assumiram a função de Serviço de Atendimento ao Cliente assim que os consumidores perceberam que suas reclamações eram atendidas mais rapidamente quando divulgadas em comentários do Facebook ou em postagens do Twitter. É recomendável, portanto, garantir um pronto retorno a todos os clientes e humanizar o atendimento — mesmo ao lidar com os mais exaltados — a fim de otimizar essa experiência usualmente incômoda para o público e deixá-lo com uma boa impressão sobre sua marca.

3. CONTE HISTÓRIAS

Pessoas amam histórias, sobretudo histórias de vida, ainda mais se houver exemplos de força de vontade e superação. Crie essas narrativas a partir de casos reais ou fictícios — um processo denominado pelo marketing como *storytelling*. Adicione personagens, conflitos e mensagens para estreitar a conexão afetiva entre os consumidores e a sua marca e para mostrar que, mais do que os produtos ou serviços, as **pessoas** são o foco principal do seu negócio.

4. SEJA POLITICAMENTE PRUDENTE

É impossível escapar à política. As redes sociais da maioria das marcas acabam por exprimir posicionamentos ideológicos, de modo direto ou indireto. Dito isto, procure afastar-se de temas polêmicos, incluindo questões religiosas, à procura de preservar sua imagem e evitar que uma parcela de seus consumidores se sinta excluída por sua visão. Se quiser abordar um assunto em voga, faça-o de um jeito responsável e respeitoso, do contrário você apenas "baterá palmas para loucos dançarem", arranhando a sua imagem em caráter permanente.

5. NÃO FAÇA MAIS DO MESMO
A internet nos bombardeia diariamente com conteúdos distintos. Se você deseja liderar a disputa pela atenção dos usuários, deve apostar no frescor e na criatividade em suas postagens. Isso não significa que deve criar conteúdo original todos os dias, mas, sim, que deve evitar que a repetição de ideias entedie o público. Afinal, se o seu público se entedia, não se engaja; se não se engaja... adeus, esforços.

6. SEJA COERENTE COM SUA MARCA
Assim como não podemos lançar mão de conteúdo repetitivo, tampouco devemos inundar as redes sociais de conteúdo alheio à nossa área de atuação. O meme do bebê que dá risada pode até ser engraçadinho, mas se ele não se relaciona com a proposta de seus produtos e serviços e está ali apenas para angariar curtidas, não vai gerar identificação com a marca e, consequentemente, a almejada conversão.

7. TRABALHE CONTEÚDOS EXTERNOS
Uma boa página nas redes sociais não depende apenas da criação de conteúdo, mas também da seleção. Isso significa que você pode enriquecer suas próprias redes trazendo conteúdo de outras fontes, sobretudo de especialistas da sua área de atuação — tudo, é claro, **em comum acordo** com os criadores do conteúdo que você deseja apresentar. Não nos esqueçamos, afinal, de que plágio é crime.

8. FALE MENOS, ESCUTE MAIS

Reconhecemos o poder transformador das palavras, mas deixe os "textões" para suas redes sociais particulares. Aqui, devemos capturar de imediato a atenção do consumidor e favorecer a interatividade em detrimento da passividade. Em outras palavras: menos texto e mais *call to action*.

9. EXPLORE AS IMAGENS

Você já deve ter ouvido aquele clichê: "Somos criaturas visuais." Apesar de batido, ele é verdadeiro, pelo menos nas redes sociais: de acordo com uma pesquisa feita pela empresa de marketing Hubspot, postagens acompanhadas de imagens recebem 94% mais visualizações do que posts dotados apenas de texto (*Exame*, 2018). Se tal atração pela imagem é tão forte, devemos usá-la com frequência a nosso favor, tomando os devidos cuidados para não apresentar conteúdo apelativo e, com isso, chocar o público de maneira negativa.

10. CONSIDERE OS VÁRIOS DISPOSITIVOS DE ACESSO

Pessoas acessam as redes sociais em computadores, celulares, tablets e demais dispositivos eletrônicos, portanto, consomem o seu conteúdo de diferentes modos: com som, sem som, em telas pequenas, em monitores grandes. Logo, você deve oferecer conteúdo de visualização simplificada, de modo que a experiência proporcionada em suas páginas seja proveitosa independentemente do meio de acesso.

Lembre-se de que toda ação que visa fortalecer sua marca deve ser implementada com tempo e paciência, pois os resultados nem sempre chegam rapidamente. Muitas vezes, você se questionará por que o crescente número de seguidores não é acompanhado por um semelhante aumento nas vendas, mas deve ter em mente que o objetivo principal é fazer com que sua marca seja estimada pelo consumidor. Esse consumidor, mesmo não fazendo uma compra hoje, poderá evocar a boa impressão causada pela marca futuramente, então adquirindo, por fim, seus produtos ou serviços. Nas próximas páginas, veremos como explorar a seu favor as particularidades das principais redes sociais da atualidade.

ESTRATÉGIAS EM REDES SOCIAIS

O mundo soma 3,8 bilhões de usuários de redes sociais no momento em que escrevo este livro (We Are Social, 2020). São pessoas das mais diferentes etnias, culturas e ideologias compartilhando o desejo de ver e ser visto, ao mesmo tempo que interagem com grupos, organizações e negócios para desfrutar de conteúdos que reflitam seu modo de vida e valores. Visando abarcar essa pluralidade, as redes sociais assumem enfoques distintos entre si, quer nos registros breves do cotidiano, quer no "culto" às imagens. No entanto, todas elas podem ser exploradas no âmbito do marketing, aproximando-o do seu público e elevando o status de sua marca. Isso, é claro, se você souber como fazer bom uso do seu potencial — seja você um profissional que deseja deixar sua marca no LinkedIn ou o dono de um negócio que queira prosperar no YouTube. Veremos a seguir quais são as mais populares redes sociais à nossa disposição e quais vantagens elas oferecem, bem como as melhores estratégias para reinar em cada uma.

FACEBOOK
Formato
Plataforma composta por perfis por meio dos quais os usuários interagem entre si, compartilham conteúdos e participam de grupos, nos quais discutem interesses afins.

Números
O Facebook ocupa atualmente o posto de rede social mais famosa do mundo. Todos os dias, mais de 1,6 bilhão de inscritos acessam a plataforma (Website Hosting Rating, 2021). Formado por uma audiência em que 54% dos integrantes são do gênero feminino, o Facebook é utilizado por 65% dos adultos entre 50 e 64 anos. A rede social comporta um total de 44% de usuários que admitem ter seu comportamento de compra influenciado por ela (*id.*, *ibid.*).

Principais vantagens
- **Alcance e segmentação:** 97,6% das empresas brasileiras utilizam o Facebook para relacionar-se com os clientes (Rock Content, 2017), e por uma boa razão: a base massiva de usuários pode ser segmentada de acordo com o público que se deseja atingir. Em outras palavras: suas personas estão ao seu alcance em números altamente expressivos.

- **Uso de páginas**: As páginas do Facebook são indispensáveis à sua estratégia de marketing porque permitem que você se comunique com o seu público e fortaleça a sua imagem. Há dois tipos de página possíveis em nossa abordagem: páginas de **empresas ou negócios** e páginas focadas em **segmentos**. Para melhor compreender a diferença entre elas, pensemos no exemplo de uma cabeleireira especialista em penteados afro. Ela mantém duas páginas no Facebook, além do seu perfil pessoal, no qual publica as fotos dos filhos e das viagens em família. A primeira página é voltada para o seu salão de beleza e exibe promoções, fotos dos últimos cortes e tratamentos realizados, bem como fotos de clientes — o que a torna uma página destinada ao seu **negócio**. Como a cabeleireira é especialista em um ramo específico de sua área de atuação, ela alimenta uma segunda página focada em seu **segmento**, na qual posta vídeos em formato de tutorial e informações específicas voltadas ao público interessado em penteados afro. As três contas podem ser utilizadas em conjunto, auxiliando umas às outras, mas é preciso planejamento para que sejam atualizadas de modo a manter o público cativo.

- **Criação e participação em grupos**: Explorar os grupos de discussão no Facebook permite que você se torne mais ativo na prospecção de público. Você pode encontrar um grupo cujo tema esteja relacionado à sua área de atuação, contribuindo nas discussões para elevar a imagem de sua marca e angariar seguidores, ou criar seu próprio grupo para fomentar a troca de ideias entre os clientes, oferecendo ajuda, apoio e orientação para um determinado assunto ou causa específica.

Existem três configurações de privacidade para os grupos do Facebook:

a) Grupo público
Em um grupo público do Facebook, qualquer pessoa pode ver o que os membros postam ou compartilham, e não há barreira para o ingresso dos usuários. O ponto negativo é que essa liberdade pode fazer com que o fluxo de conteúdo saia do controle facilmente, o que dificultará a moderação. Ademais, é importante lembrar que o grupo estará conectado à sua empresa, portanto, a postagem de um estranho pode acabar refletindo em sua imagem.

b) Privado e visível
Este tipo de grupo, ideal para empresas, é exibido nas pesquisas dos usuários, mas os membros em potencial precisam ser aceitos manualmente pelos administradores. Aqui, apenas os integrantes têm acesso ao que é postado e compartilhado, e o controle que você tem sobre as postagens é maior do que na opção de grupo público.

c) Privado e oculto
Grupos privados e ocultos do Facebook têm as mesmas configurações de privacidade dos grupos privados e visíveis, mas

não aparecem nas pesquisas e são invisíveis para o público em geral. Para integrá-lo, o usuário deve ser pessoalmente convidado a participar.

• • • • •

Os grupos não só proporcionam um nível de engajamento maior com o público — graças às discussões entre os usuários, que conferem um caráter mais humanizado à sua relação com a página de marca — como também são uma ótima fonte de feedback imediato. Você pode iniciar uma conversa a respeito de qualquer assunto e ter acesso a opiniões de pessoas que são ou serão suas clientes. A gama de informações à qual você poderá ter acesso vai desde sugestões e feedbacks em relação a produtos e serviços que está desenvolvendo até comentários sobre a experiência que esses usuários tiveram com sua marca e o que ela oferece, o que o ajudará a entender o que eles pensam sobre a empresa e os aproximará de sua marca ao atestar a influência de sua opinião.

Estratégias de destaque

1. POTENCIALIZE SUA PÁGINA

Sua página é a personificação de sua marca no Facebook. Como tal, deve apresentar tanto uma estética agradável quanto as informações essenciais sobre seu negócio. Se você é um profissional liberal, utilize como imagem de perfil uma foto de alta resolução em que esteja em um fundo neutro e sob boa iluminação; porém, se for proprietário de uma empresa, utilize seu próprio logo. Já na seção "Sobre", sugerimos incluir grande variedade de informações, como uma descrição sucinta de seu negócio, meios de contato e horários de atendimento.

Em relação à foto de capa, é essencial não considerá-la inalterável, pois você pode fazer desse espaço uma espécie de outdoor para:

- Divulgar promoções com foco no aumento de vendas;
- Divulgar seus próximos eventos;
- Mostrar o espaço físico de sua loja, consultório, fábrica etc.;
- Divulgar conteúdo feito pelos usuários;
- Mostrar características e benefícios de seus produtos;
- Mostrar integrantes da sua equipe de funcionários e parceiros.

2. TIRE PROVEITO DO *CALL TO ACTION*

Faz muito tempo que o Facebook não se limita mais às opções de curtir e compartilhar, e você pode tirar bom proveito da personalização de botões oferecida pela plataforma. A página permite que se criem novos botões de *call to action* para direcionar os usuários a outras áreas, o que facilita demais o engajamento.

Entre as ações que você pode transformar em botões, estão:

- Fale conosco;
- Ligue agora;
- Enviar e-mail;
- Enviar mensagem;
- Cadastre-se;
- Saiba mais;

- Reservar agora;
- Pedir cotação;
- Comprar agora;
- Assistir ao vídeo;
- Pedir refeição;
- Jogar;
- Usar aplicativo.

3. FAÇA DO USUÁRIO SEU GRANDE FORNECEDOR DE CONTEÚDO

As pessoas gostam de marcas, e gostam mais ainda de ser notadas por elas. Portanto, é essencial que sua página abra espaço para o compartilhamento de conteúdo dos usuários, sobretudo fotos e vídeos. Quanto mais você explorar esse tipo de postagem, mais estimulará o engajamento das pessoas, estreitando o vínculo delas com a sua marca.

Além de fotos e vídeos, outros tipos de conteúdo fornecidos pelos usuários podem gerar alta taxa de compartilhamento na plataforma, como dicas, histórias de vida, memes e textos sobre temas em alta.

4. EXPLORE O PODER DO VÍDEO

Ciente do forte engajamento que os vídeos provocam entre os usuários, o Facebook conta atualmente com a plataforma Watch. Uma alternativa ao YouTube, com ela você pode criar e distribuir vídeos. Sua marca pode se aproveitar desse formato de forte apelo, com vídeos visualmente atraentes que prendam a atenção dos usuários logo nos primeiros segundos. Ademais, quanto mais as pessoas assistirem, mais bem posicionado você ficará no feed dos usuários, pois o Facebook, assim como o Google, monitora o grau de engajamento do público para posicionar suas postagens.

Na hora de avaliar um vídeo, o algoritmo do Facebook leva em consideração três fatores principais: **duração**, **engajamento** e **originalidade**. A **duração** refere-se ao tempo que as pessoas passam assistindo ao vídeo e sua duração total. Aqui, a rede social valorizará os vídeos assistidos por mais de um minuto e os conteúdos que tenham uma duração total superior a três minutos. Em relação ao **engajamento**, o Facebook dá preferência aos vídeos encontrados por meio de pesquisa em sua ferramenta de busca e conteúdos assistidos mais de uma vez. Por fim, quanto à **originalidade**, a plataforma dá prioridade aos vídeos criados do zero, isto é, que não foram reaproveitados de outras fontes e exibem material novo.

Para mensurar resultados

O Facebook permite que você acompanhe os resultados de suas estratégias por meio do Facebook Insights, serviço que analisa a performance de sua página. Aqui, é possível verificar métricas valiosas como:

- **Alcance**: Relacionada à quantidade total de usuários que visualizam suas publicações, o que lhe permite descobrir a extensão de sua audiência e o sucesso de seu alcance orgânico ou por links patrocinados;

- **Taxa de Cliques**: Exibe a quantidade de acessos a determinado link, vídeo ou imagem, permitindo que você compreenda quais tipos de postagem mais engajam o público;

- **Taxa de Rejeição:** Relacionada à quantidade de usuários que ocultaram suas publicações ou deixaram de acompanhar sua página, de modo que é possível descobrir quais abordagens levaram a tais resultados negativos.

INSTAGRAM
Formato

Rede social de compartilhamento de fotos e vídeos, postados nos perfis dos usuários e disponíveis no *feed* de seus seguidores.

Números

Com um bilhão de usuários ativos por mês, o Instagram apresenta-se como uma plataforma especialmente direcionada a jovens adultos, entre 18 e 29 anos, que compõem 58% da audiência (Twist, 2017). Destaca-se pelo grau de envolvimento do público com as marcas, que englobam 68% dos usuários (Rock Content, 2017).

Principais vantagens

- **Enfoque nas imagens:** É muito mais simples criar uma conexão emocional por meio de imagens do que por meio de textos. As marcas presentes no Instagram se beneficiam desse apelo para transmitir seus valores mediante fotos, ilustrações e vídeos. Assim, buscam garantir um bom posicionamento na mente dos consumidores.

- À maneira do Facebook, o Instagram permite que você crie um perfil de **empresa ou negócio** e um perfil focado em um **segmento** usando a mesma lógica de direcionamento das postagens, mas privilegiando o aspecto visual. Os perfis de segmento, também conhecidos como perfis de nicho, são especialmente explorados nesta plataforma para a conversão de seguidores em compradores reais, sobretudo nas áreas de:
    - Desenvolvimento pessoal/Sucesso;
    - Motivacional/Inspiração;
    - Negócios/Empreendedorismo;
    - Viagens;
    - Estilo de vida;
    - Animais de estimação;
    - Finanças;
    - Imóveis;
    - Religião;
    - Saúde;
    - Fitness/Nutrição.

É importante ressaltar que, caso você ainda não tenha um negócio, mas intenção de abri-lo, pode criar neste momento um perfil voltado para o nicho em que deseja empreender, de forma a já conquistar uma base de seguidores que o ajudará a alavancar o futuro negócio.

- **Poder dos influenciadores:** A palavra "influenciador" inclui uma ampla gama de especialistas socialmente informados, pagos para promover e defender sua marca. Aqui, você pode fazer a curadoria de um pacote de divulgação e enviá-lo aos influenciadores para que eles experimentem seu produto e façam uma resenha para o público. O material gerado por esses profissionais é primordial para conferir confiança à sua imagem, pois os consumidores apreciam ver fotos e vídeos de seus produtos ou serviços sendo utilizados por pessoas "reais". Influenciadores e microinfluenciadores também podem ajudá-lo a criar autenticidade e preencher a lacuna entre sua marca e um público maior e estável.

- **Facilitação da compra:** O Instagram não só permite a criação de um catálogo virtual com informações técnicas e valores de seus produtos ou serviços como facilita a ponte entre a visualização e aquisição destes últimos ao oferecer opções de acesso à sua loja virtual pelas próprias imagens do catálogo e pelo perfil da marca.

- Você também pode anunciar aos consumidores diretamente a partir de seus *stories* e habilitar uma frase de chamariz para que eles saibam mais a respeito do que você está comercializando. O Instagram permite incluir links nos *stories* de contas com mais de 10 mil seguidores. Se esse não for o seu caso, você ainda pode alterar o link principal da sua conta para direcionar as pessoas aos produtos ou serviços que está promovendo. Esse link principal de sua conta pode ser alterado quantas vezes você quiser, portanto, é possível publicar uma promoção com a frase "link na bio" para que os usuários acessem o endereço virtual que você disponibilizou e obtenham mais informações sobre a sua oferta.

Estratégias de destaque
1. LANCE MÃOS DAS HASHTAGS

As hashtags funcionam como palavras-chave ligadas a determinados assuntos ou temas que indexamos em nossas postagens para que os usuários da plataforma, ao buscarem por esses termos, encontrem o nosso conteúdo. Supondo que você seja dona de uma esmalteria, pode potencializar o alcance de suas postagens utilizando hashtags relacionadas à sua área de atuação ou com o nome de sua própria marca para divulgação entre seus seguidores. Vale lembrar que não há uma quantidade ideal de hashtags para uma postagem, cabendo a você determinar se os termos escolhidos "dão conta do recado".

Seu negócio terá um desempenho muito melhor se você utilizar termos específicos. Nesse sentido, usar uma hashtag como #alongamentodeunhasemgel é mais efetivo do que algo saturado como #manicure ou #unhas, uma vez que atinge diretamente os consumidores que estão à procura desse tipo específico de procedimento. Tal segmentação facilitará sua competição com os milhares — às vezes, milhões — de pessoas que usam hashtags comuns. Também é aconselhável que você fique atento às tendências para que empregue as hashtags de tendência em suas postagens, pois muitas pessoas seguem o que está acontecendo de novo e relevante no momento.

O Instagram também permite que as pessoas sigam hashtags, de modo que se mantenham atualizadas sobre as novas postagens que apresentam termos relevantes para elas. É importante acompanhá-las para ficar por dentro do conteúdo que está sendo gerado, identificar novas tendências e inspirar seu próprio *feed*. Porém, caso lhe faltem ideias, existem sites e aplicativos que o ajudarão a gerar as melhores hashtags com base em sua marca e exibirão o desempenho de outros concorrentes com os mesmos termos. Sites como ingramer.com e aplicativos como #HashMe são o ponto de partida ideal para obter informações sobre o que pode funcionar para seu negócio.

2. USE E ABUSE DOS *STORIES*...

Os *stories* do Instagram são um recurso mais valioso do que supõe a nossa vã filosofia. Com 30% de visualizações a mais do que os *stories* de perfis pessoais (mLabs, 2018), os *stories* de marcas são grandes aliados do engajamento em razão de sua capacidade de tornar a interação com o público espontânea e divertida, sobretudo quando usamos filtros e efeitos criativos. Recomendamos, portanto, que você explore esta ferramenta para criar anúncios, enquetes e sorteios de toda natureza. As sequências de *stories* também são eficientes para você divulgar links de acesso aos seus produtos ou serviços — sempre tomando cuidado para não soterrar os usuários com informações repetitivas — e para compartilhar postagens dos próprios clientes, estreitando assim sua relação com o público. Quanto mais as pessoas se engajam com o seu conteúdo, mais ele é favorecido pelo algoritmo da plataforma — e melhor se posiciona no *feed* dos usuários.

3. ... SEM ESQUECER DAS POSSIBILIDADES DO IGTV

Evolução natural dos *stories*, o IGTV é a plataforma de vídeos do Instagram. Ela possibilita que os usuários criem conteúdos de até 60 minutos de duração. Para as marcas, esse serviço representa a possibilidade de fugir da brevidade dos *stories* e abordar assuntos relacionados a seus produtos ou serviços de maneira mais profunda e cuidadosa. Assim, você oferece ao seu público um conteúdo relevante e de fácil acesso sem que precise se adaptar a outro formato, uma vez que o IGTV segue princípios semelhantes aos dos *stories*.

4. RESPONDA (E MANDE!) MENSAGENS DIRETAS

O Instagram Direct, recurso de troca de mensagens particulares entre os usuários, é com frequência utilizado pelo público como se fosse a Central de Atendimento das marcas. Somente por essa razão, ele já deve ser priorizado em sua estratégia: assegure-se de ser rápido e preciso ao retornar as mensagens. No entanto, você também pode trabalhar essa ferramenta de maneira ativa, utilizando-a para anunciar promoções, enviar cupons de desconto ou mesmo agradecer aos consumidores pelo interesse e pela compra, humanizando sua interação com a clientela.

Para mensurar resultados

Por meio da ferramenta Instagram Insights, disponível na própria plataforma e de natureza semelhante à do Facebook Insights, é possível verificar métricas como:

- **Visitas ao perfil**: Exibe o número total de usuários que visualizaram seu perfil em um determinado período e permite a comparação com períodos anteriores para guiar suas estratégias;
- **Interações:** Relacionada ao nível de engajamento dos usuários, compreende ações como curtidas, comentários e postagens salvas;
- **Cliques no site**: Mostra o papel do perfil na geração de tráfego para o seu site ou loja virtual ao exibir o total de cliques no link disponibilizado na bio.

YOUTUBE
Formato

Plataforma de compartilhamento de vídeos na qual os usuários criam seus próprios canais para divulgar produções caseiras, filmes, videoclipes e transmissões ao vivo.

Números

Segundo endereço mais acessado no Brasil e no mundo, o YouTube conta com 2 bilhões de usuários mensais ativos e suporta o consumo de mais de um bilhão de horas de conteúdo por dia ao redor do globo (Rock Content, 2020). A plataforma é composta por um público majoritariamente masculino (62%), formado em sua maioria por pessoas de 25 a 44 anos e apresenta um total de 70% de usuários ligados à produção de conteúdo e marcas (*id., ibid.*).

Principais vantagens
- **Atração e conversão:** Como já mencionamos nas estratégias para o Facebook, os vídeos têm um forte poder de engajamento, e contar com uma plataforma própria para essa classe de mídia em um plano de marketing é abrir-se para possibilidades imensuráveis de conversão.

- **Visibilidade e autoridade:** Se você cria vídeos de qualidade no YouTube e obtém engajamento dos espectadores mediante comentários e curtidas, a plataforma alça seus vídeos para uma audiência maior, o que aumenta suas chances de visibilidade e ajuda sua marca a criar autoridade em sua área de atuação.

- **Audiência engajada:** Os espectadores do YouTube utilizam a seção de comentários não só para dar retorno sobre o conteúdo dos vídeos, mas também para sugerir temas a serem abordados. Quanto mais as marcas mostrarem que ouvem a contribuição do público, via conteúdos interessantes e didáticos, mais engajado ele se torna, por sentir-se parte do seu "universo".

Estratégias de destaque
1. OFEREÇA FREQUÊNCIA E PROVOQUE INTERESSE

Se você quer que sua marca seja reconhecida no YouTube, a primeira coisa que deve garantir é a periodicidade de postagens. Você precisa criar um fluxo regular de conteúdo, organizando seu cronograma de antemão para assegurar que, nos dias e horários predeterminados, o público acesse seu canal na certeza de que o novo conteúdo estará à sua espera. Com isso, as pessoas aos poucos adquirem o hábito de assistir aos seus vídeos. Em relação ao conteúdo, é essencial se concentrar em vídeos que tratem seus produtos ou serviços sob um viés educativo, bem como lançar mão de formatos que abordem a história de sua marca, o dia a dia de sua equipe e demais assuntos pertinentes à sua área de atuação. Lembre-se de que, no início, a adaptação à plataforma pode fazer com que os vídeos não saiam exatamente como o esperado, mas a qualidade virá com o tempo e a dedicação — e uma boa dose de edição, é claro.

2. APOSTE NOS TÍTULOS

Seu primeiro cuidado na postagem de um vídeo deve ser o título. O motivo? Ele é um dos principais elementos que os motores de busca levam em conta ao posicionar o seu conteúdo quando o usuário faz a pesquisa. As palavras-chave do assunto abordado devem estar em destaque no título, que deve ser direto e, preferencialmente, conter o nome de sua marca. Entenda também que ser direto não significa ser sem graça: aposte na criatividade ao elaborar o título do vídeo para despertar a curiosidade do público.

3. NÃO SE ESQUEÇA DA FORÇA DA IMAGEM

O título ajuda o vídeo a aparecer em resultados de pesquisa, mas é preciso chamar a atenção do usuário pelo visual também. Entra em cena a *thumbnail*, a imagem que ilustra o vídeo dentro do YouTube. A *thumbnail* não só permite que seu conteúdo se destaque entre os demais, como também é um elemento essencial na exibição de informações sobre o tema do vídeo e da identidade visual de sua marca. Recomendamos que sua *thumbnail* siga um padrão em todas as postagens para que, ao bater o olho, o usuário reconheça instantaneamente o canal de origem daquele vídeo.

4. JUNTE-SE PARA CONQUISTAR

Uma prática bem-sucedida entre os produtores de conteúdo no YouTube é o trabalho colaborativo. Trata-se de uma forma de interação entre canais que possuem temas em comum e somam seus esforços para a criação de vídeos que promovam grande engajamento. É fundamental, portanto, que sua marca lance mão de parcerias com criadores de conteúdo para enriquecer a experiência de seus seguidores e gerar benefícios para todos os canais envolvidos, tanto em termos de engajamento como de fortalecimento da imagem.

Para mensurar resultados

O YouTube Analytics, disponível na própria plataforma, analisa a performance do seu canal e oferece diariamente métricas fundamentais, como:

- **Tempo de exibição**: O grande termômetro do seu desempenho, pois exibe a quantidade total de minutos que os usuários permaneceram assistindo aos seus vídeos;
- **Visualizações**: Referente ao total de vezes que seus vídeos foram abertos para exibição;

- **Inscritos**: Abrange o total de usuários que se inscreveram no canal para acompanhar seu conteúdo.

TWITTER
Formato

Rede social de compartilhamento de informações em que os usuários produzem e recebem textos de até 280 caracteres de seus seguidores.

Números

O Twitter soma 335 milhões de usuários ativos mensalmente, dos quais cerca de 80% acessam a plataforma via dispositivos móveis (Kinsta, 2020). Os usuários da rede social são, em sua maioria, do sexo masculino (56%), e 80% deles já citaram marcas em uma postagem (Rock Content, 2019).

Principais vantagens

- **Conexão direta**: O Twitter não serve apenas para divulgação de conteúdo. Ao oferecer ferramentas de comunicação entre o dono da conta e quem a segue, a rede acaba se tornando um canal de atendimento. É comum, portanto, que as marcas sanem dúvidas e problemas de seus clientes por meio da plataforma, bem como se ofereçam para ouvir sugestões, reclamações ou pedidos que possam enriquecer a experiência do público junto ao negócio.

- **Sem meias palavras**: O dinamismo fez com que o Twitter crescesse. Sendo assim, as marcas seguem esse dinamismo para se adequar à maneira como seus seguidores consomem conteúdo, postando em linguagem clara e direta e concentrando seus esforços em títulos e subtítulos que atraiam imediatamente a atenção dos seguidores.

- **Uso de memes**: O brasileiro é um povo que possui o humor como característica marcante. No Twitter, essa veia cômica se reflete, sobretudo, no amor pelos chamados memes, conteúdos engraçados na forma de imagens, frases e vídeos sobre os mais variados assuntos. Como componente essencial dessa rede social, os memes permitem que o conteúdo oferecido pela marca seja assimilado de forma positiva pelo público, desde que não sejam exagerados ou desrespeitosos.

Estratégias de destaque
1. OTIMIZE SEU PERFIL

Para aperfeiçoar sua conta e torná-la uma importante ferramenta profissional, você precisa exibir características e informações que reflitam a personalidade da sua marca. Dentre os elementos que indicam essa personalidade está a definição do nome da conta, que deve ser fácil de lembrar, sem deixar de ser reconhecível. Há algumas regras para deixar seu nome mais simples, como não usar números, caracteres especiais ou nomes muito extensos. O mesmo se aplica à identidade visual, quando se trata da utilização do seu logo ou imagem pessoal; busque padronização para facilitar o reconhecimento entre as redes sociais. Fique atento também ao conteúdo biográfico, que deve ser direto e rico em informações relevantes e vendedoras.

2. EXPLORE (A FUNDO!) AS HASHTAGS

No Twitter, as hashtags ajudam na localização pelo sistema de busca da rede e associam seu conteúdo a outras postagens de mesmo tema, permitindo que elas apareçam nas listas de assuntos mais lidos — os famosos *trending topics*. Sendo assim, utilize hashtags que já existam, caso alguma coincida com o seu material, para buscar visibilidade ou crie novas, sempre com palavras curtas, que sejam alinhadas ao seu conteúdo e visem estimular o engajamento entre seus seguidores.

3. BUSQUE OPORTUNIDADES

As buscas avançadas são uma opção disponibilizada pelo Twitter para que tenhamos acesso a informações relacionadas a assuntos de nosso interesse. Trata-se de uma forma de pesquisa a partir da qual temos a oportunidade de encontrar possíveis parceiros ou clientes, além de postagens dos consumidores a respeito dos produtos e serviços de nossa área de atuação. Recomendamos, portanto, que você explore tal ferramenta lançando mão de palavras-chave correspondentes ao seu negócio a fim de expandir sua marca e converter clientes em potencial.

4. ENGAJAMENTO

O Twitter é uma das principais ferramentas em marketing quando o assunto é engajamento com o público. Uma vez que o vínculo é estabelecido, o público tem maior acesso ao que a empresa deseja oferecer aos consumidores em termos de interatividade e conteúdo. Logo, é fundamental ser cuidadoso na promoção desse engajamento. Você deve elaborar um conteúdo que agregue valor ao seu negócio, mostrar ao público que está sempre disposto a ouvi-lo e incitar sua participação no crescimento da marca na rede social. Desde que não seja feito em excesso, falar sobre si mesmo é também um método de aproximação que humaniza sua relação com os seguidores, sobretudo se empregar linguagem informal e bem-humorada.

Para mensurar resultados

Na ferramenta Twitter Analytics, presente na plataforma, você pode acompanhar o andamento de suas estratégias de marketing em indicadores que apontam:

- **Impressões**: Refere-se à quantidade de vezes que suas postagens foram vistas pelos seguidores;
- **Retweets**: Abrange o total de vezes que sua postagem foi compartilhada por outros perfis;
- **Menções**: Relaciona o total de citações de sua conta feitas por outros perfis em busca de chamar sua atenção ou estabelecer uma interação.

LINKEDIN

Formato

Rede social voltada ao compartilhamento de informações profissionais, na qual é possível anunciar e se candidatar a vagas, aumentar sua rede de contatos e firmar parcerias.

Números

Com um total de 260 milhões de inscritos ativos mensalmente (Kinsta, 2020), o LinkedIn apresenta um público 57% masculino e é considerado por 91% dos executivos de marketing que o utilizam a rede social que mais concentra conteúdos de qualidade (Dat App, 2018).

Principais vantagens

- **Compartilhamento de impressões:** A promoção de produtos e serviços no LinkedIn não é uma "via única", já que seus clientes e parceiros podem compartilhar suas impressões, experiências ou veredictos na rede. Essa interação se transforma em publicidade gratuita para o seu negócio. Ao compartilhar uma recomendação, seu parceiro agrega confiabilidade e credibilidade ao seu produto ou serviço.

- **Busca da credibilidade:** O LinkedIn é uma rede que requer conteúdo relevante e de qualidade para reforçar sua estratégia de *branding*. Ao usar essa plataforma para o seu negócio, você tem à disposição uma ferramenta de acesso direto aos seus parceiros e colaboradores para compartilhar a essência de sua empresa por meio de conteúdos que vendam seu negócio e potencializem a imagem de sua marca. Portanto, uma vez presente em uma rede social de relevância como o LinkedIn, você reforça a credibilidade do seu negócio.

- **Conhecimento é poder:** O LinkedIn provou-se ao longo dos anos uma fonte interessante de pesquisa e conhecimento. A plataforma permite que os usuários se mantenham atualizados com o que há de mais novo no mundo dos negócios e que tenham acesso aos grandes influenciadores da área, cujas recomendações podem ajudá-lo a orientar seus esforços no marketing digital.

Estratégias de destaque

1. CAUSE UMA BOA IMPRESSÃO INICIAL

Dizem que "a primeira impressão é a que fica", então impressione seu contato desde o início. Seu perfil no LinkedIn funciona como uma espécie de cartão de visita, e, como tal, manter um perfil correto e atualizado é primordial. Fique atento às mudanças na própria plataforma de modo que seu perfil permaneça dentro dos parâmetros da rede e tenha cuidado com imagens com resolução incorreta, pois ignorar esse tipo de problema passa uma impressão de desleixo e falta de comprometimento. Assim como no Twitter e no Facebook, cuide também para que a sua foto de perfil e a capa reflitam a identidade visual da sua marca, pois a padronização visual das suas redes sociais reforça a impressão de cuidado com a sua imagem.

2. MANTENHA-SE ATIVO

As conexões que você constrói com amigos, parceiros, fornecedores e clientes em potencial estão entre os aspectos mais valiosos oferecidos pelo LinkedIn. Criar relações faz com que você desenvolva sua rede de contatos, um processo conhecido como networking. Quanto mais eficiente o seu networking, mais você conhece e é reconhecido pelos demais.

Para desenvolver essa rede de contatos, mesmo com pessoas que você não conheça, o segredo é ser ativo quanto ao conteúdo. Interações por meio de postagens relevantes ou mesmo por conversas e comentários em grupos temáticos também fazem de você um nome conhecido. Procure sempre manter suas conversas em um tom positivo e educado, enriquecendo os debates e sanando as dúvidas dos demais. Em suma, o intuito é que você se mostre uma autoridade em sua área para conquistar reconhecimento.

3. MOSTRE AS SUAS REALIZAÇÕES...

O LinkedIn é um local interessante para você mostrar do que sua marca é capaz. Quando o assunto é um evento ou projeto promovido por seu negócio, a rede social pode se tornar uma vitrine para os seus feitos. Busque, portanto, promover e divulgar projetos de alta qualidade, como podcasts, webinários e demais gêneros de eventos a fim de posicionar-se de maneira positiva diante de seus contatos enquanto expressa os valores de sua marca.

4. ... E AS REALIZAÇÕES *DELES*

Citamos anteriormente que é importante mostrar seus feitos no LinkedIn, mas há outros elementos importantes que você também pode compartilhar caso mantenha uma equipe de trabalho. Ao celebrar ou promover realizações dessa equipe, você também contribui para o engrandecimento da imagem de sua marca. Mostre as conquistas de seus funcionários, sejam elas cotidianas ou diretamente relacionadas ao trabalho. Divulgue quais deles têm mais tempo de casa ou se completaram algum curso de relevância, quem tem se destacado de maneira a influenciar os demais de maneira positiva etc. Destacar seus funcionários é destacar o seu negócio.

Para mensurar resultados

Ao acessar o Analytics na própria plataforma do LinkedIn, você pode analisar métricas essenciais às suas estratégias, como:

- **Número de cliques**: O total de vezes que os usuários clicaram no seu nome, logo ou conteúdo;
- **Engajamento**: Permite verificar o total de comentários, compartilhamentos e novos seguidores obtidos no período de trinta dias;
- **Menções**: Reúne dados sobre as citações de suas palavras-chave, como nome, marca ou produto/serviços.

• • • •

A partir de tais estratégias, é possível pensar e repensar sua abordagem nas redes sociais de modo isolado. Porém, para entender como explorar essas plataformas dentro de um plano de marketing, recomendamos a leitura das próximas páginas, nas quais você aprenderá a desenvolver um planejamento que toma como ponto de partida seu objetivo principal nas redes sociais.

PLANEJAMENTO EM MARKETING DE REDES SOCIAIS

De acordo com dados da pesquisa E-commerce Trends 2017, empresas que definem um calendário editorial para as redes sociais têm média de visitas 2,8 vezes maior do que as que não se programam (Rock Content, 2017). Esse é apenas um exemplo simples de como o planejamento é fundamental para as estratégias de marketing de redes sociais, sobretudo se levarmos em conta as diferentes abordagens e o potencial diverso de cada plataforma. Cientes da importância de seguir um plano de ação coeso em busca de atingir nossos objetivos, apresentamos a seguir um guia que nos permite pensar cada etapa do processo com o apoio de dois exemplos de áreas distintas, explorando as melhores abordagens de marketing para que conquistemos nosso lugar ao sol nas redes sociais.

ESTABELECENDO SEU OBJETIVO

Seja o seu objetivo **principal** divulgar a marca para uma audiência maior, abrir canais de comunicação com os clientes ou criar uma base fiel de fãs, é fundamental defini-lo neste primeiro momento para nortear suas futuras práticas nas redes. E, assim como no planejamento em marketing de conteúdo, desenvolvido no terceiro capítulo, ilustraremos esse processo com novos exemplos fictícios de dois segmentos distintos: o advogado especialista em direitos do consumidor Marcelo

Viana e a clínica de estética Camélia. Marcelo Viana deseja se posicionar como uma autoridade em sua área para, no futuro, lançar mão desse renome ao abrir uma firma especializada no setor. Por sua vez, a clínica Camélia quer aumentar suas vendas.

Uma vez definidos os objetivos, nosso próximo passo é deixar que o próprio público aponte em quais redes sociais devemos concentrar nossos esforços para otimizar esse planejamento. Para isso, contaremos outra vez com o apoio das sempre essenciais personas.

DEFININDO SUAS REDES SOCIAIS

No processo de criação de personas desenvolvido no segundo capítulo, uma das questões presentes na pesquisa de mercado inquiria o público sobre suas redes sociais favoritas. Essa pergunta nos ajudava a descobrir **onde** nosso público se encontrava, e agora adquire maior importância na medida que nos permite direcionar as estratégias para as redes sociais **apropriadas** ao planejamento. Em termos práticos, significa que você não precisa estar em todas as redes sociais. Seria, afinal, um exercício de frustração tentar trabalhar todas ao mesmo tempo, como fazem as grandes marcas, que contam com suas próprias equipes de marketing. Portanto, devemos cruzar as principais redes sociais apontadas pela pesquisa de mercado, associando-as às estatísticas de público das redes sociais apontadas no subcapítulo anterior. Assim, você descobrirá onde concentrar os esforços. Para tanto, vamos otimizar nossas personas para as estratégias de marketing de redes sociais.

PERSONA DE MARCELO VIANA	PERSONA DA CLÍNICA DE ESTÉTICA CAMÉLIA
Rodrigo, 32 anos, brasiliense e administrador de empresas, é usuário assíduo da internet e gosta de fazer compras on-line, sobretudo de peças para o seu carro. Rodrigo gosta de acompanhar redes sociais como o Twitter e o YouTube à procura de notícias e conteúdos sobre carros e segue Marcelo Viana em ambas as redes a fim de receber dicas de compras seguras e orientações sobre o Código de Defesa do Consumidor.	Laura, 64 anos, é belenense e professora. Laura gosta de acessar a internet para conversar com os familiares e comprar roupas, perfumes e sapatos. Vaidosa, Laura costuma realizar procedimentos estéticos e acompanha páginas com conteúdo sobre beleza no Facebook e no Instagram. Em ambas as redes sociais, ela segue as páginas da clínica de estética Camélia por indicação das amigas, embora nunca tenha feito nenhum tratamento na unidade.

Temos dois exemplos de público, e uma abordagem focada em seus desejos e necessidades distintos é fundamental para cumprir os objetivos estipulados por Marcelo Viana e pela clínica Camélia. Para atender aos seus "Rodrigos" e tornar-se referência na área, Marcelo Viana deve concentrar energias em um conteúdo de qualidade, que enriqueça o conhecimento de seus seguidores e lhe empreste credibilidade. Para isso, ele pode adaptar a complexa linguagem do Direito a uma fala acessível e informal — própria de redes como o Twitter e o YouTube —, ao mesmo tempo que utiliza esses meios para tirar as dúvidas do público. A clínica Camélia, por sua vez, pode atrair suas "Lauras" demonstrando a eficiência de seus serviços e explorando, em especial, o nicho tantas vezes ignorado da terceira idade, mediante conteúdos especialmente voltados para esse público. Deve lançar mão de uma linguagem terna que permita à clientela atual e potencial sentir-se à vontade para interagir com a marca tanto no Facebook quanto no Instagram.

Uma vez definidas essas diretrizes para as redes sociais, podemos enfim trabalhar as melhores práticas de postagem e interação com o público, aproximando-nos, assim, de nossos objetivos.

POSTANDO E INTERAGINDO

No terceiro capítulo, aprendemos a mapear assuntos de interesse do público para gerar conteúdo atraente e informativo. Agora, chegou o momento de utilizar esse conhecimento conjuntamente às melhores dinâmicas de postagem nas redes sociais. Afinal, não podemos apenas compartilhar o conteúdo do nosso site na página do Facebook ou no Twitter e nos dar por satisfeitos, tampouco nos prender ao "feijão com arroz" da imagem e do texto. A regra aqui é criar conteúdo **a partir** das próprias redes e interagir com a audiência considerando as singularidades de cada plataforma.

A seguir, compartilhamos nossas recomendações de postagem e interação, pontuadas pelos exemplos de Marcelo Viana e da clínica Camélia para sua melhor compreensão:

- **Estabeleça uma frequência de postagens**: Plataformas como o Facebook e o Instagram requerem de uma a duas postagens diárias. No caso da segunda, pelo menos uma sequência de *stories* por dia. Você pode publicar os conteúdos mais especializados toda semana em ambas as plataformas, que requerem tempo maior de produção. No exemplo da clínica Camélia, a marca pode publicar no Facebook uma série de vídeos semanais sobre as principais dúvidas do público em relação aos procedimentos estéticos realizados na unidade e promover transmissões semanais ao vivo sobre esses procedimentos no Instagram. Já plataformas como o Twitter e o YouTube obedecem a dinâmicas diferentes. No primeiro, caracterizado pela agilidade e pelas postagens curtas, você pode publicar diariamente cerca de cinco tweets ou mais, intercalando-os com retweets que fazem menção ao seu perfil e interações com seus seguidores. Em relação ao segundo, a complexidade da elaboração de um vídeo o livra da exigência diária, permitindo uma média semanal de duas postagens. Como nas demais redes, você também deve postar conteúdos mais densos e especializados no Twitter e no YouTube, seja na forma de links para estudos, podcasts ou demais formatos. No exemplo de Marcelo Viana, o advogado poderia planejar-se para publicar toda semana em seu Twitter sequências de tweets — conhecidas como *threads*, ou mesmo "fios" — sobre os direitos do consumidor em situações de compra específicas, citando casos de seus próprios clientes em anonimato. Já no YouTube, o advogado poderia iniciar séries de vídeos — as famosas playlists — sobre temas de utilidade pública da sua área, como as leis que regem as compras pela internet ou as possibilidades de abertura de ações contra empresas;

- **Planeje-se para as postagens de datas comemorativas**: Mensagens de Natal, Ano-Novo ou Dia das Mães têm grande poder de engajamento entre os seguidores, e quanto mais você se antecipa na elaboração dessas postagens, lançando mão de sua criatividade e de ações de marketing com poder de conversão, menores suas chances de apelar para os clichês. Nesse sentido, a clínica Camélia poderia produzir um vídeo de Dia das Mães em que os filhos de suas clientes falassem sobre suas respectivas mães, fortalecendo não só a imagem da marca como seu laço com a clientela. Por sua vez, em um tom mais descontraído, Marcelo Viana poderia redigir uma *thread* especial sobre o que torna nossas mães boas consumidoras;

- **Abra-se para o viral**: Não existe fórmula mágica para a criação de um viral, mas a maioria deles possui as seguintes características em comum: "surfam" no assunto do momento, são curtos, inusitados, fáceis de entender e ainda mais fáceis de compartilhar, como o tweet da Netflix sobre o qual falamos no início deste capítulo. Eventualmente, você deve buscar esses elementos em suas postagens sem "forçar a barra" de modo a abrir-se à possibilidade do viral, que, uma vez conquistado, angaria uma visibilidade irreverente e divertida para sua marca nas redes;

- **Siga a lei da reciprocidade**: Você deve conhecer a máxima "faça pelos outros aquilo que gostaria que fizessem por você". Nas redes sociais, a dinâmica é a mesma. Quando seguimos as pessoas em plataformas como o Instagram e o Twitter, elas tendem a nos seguir em retribuição. Essa "lei" também vale na hora de curtir as postagens dos seguidores, que acabam devolvendo a gentileza e se engajando com seu conteúdo. O resultado? Essas pessoas aumentam organicamente a visibilidade de sua marca ao exibi-la no *feed* de seus seguidores por meio de uma curtida ou compartilhamento;

- **Promova sorteios**: Os sorteios em suas redes sociais oferecem uma ótima chance de engajar seu público e angariar novos seguidores. A dinâmica do sorteio é simples e efetiva: em redes como o Instagram e o Facebook, basta estipular que os usuários sigam sua página e marquem seus amigos na postagem em questão para concorrer ao seu produto ou serviço. Assim, como na "lei da reciprocidade", você obterá um aumento orgânico de visibilidade;

- **Firme parcerias**: As redes sociais fomentaram o surgimento do influenciador digital, aquele indivíduo que reúne um séquito de seguidores virtuais, seja por seu conteúdo atraente ou pelo seu carisma pessoal. Os influenciadores são uma ferramenta de visibilidade e conversão para as marcas, pois podem atuar como "garotos-propaganda". Pense, por exemplo, no quanto uma clínica como a Camélia poderia se beneficiar de uma parceria com uma influenciadora digital que fale sobre estética na terceira idade para seu público. Já no caso de Marcelo Viana, um influenciador em si para todos os fins, seria interessante pensar em uma colaboração com outro profissional da mesma área que também atuasse nas redes sociais. Assim, ambos poderiam produzir conteúdo juntos para se tornarem conhecidos entre seus públicos e se beneficiarem mutuamente.

Nesta etapa, é importante ressaltar que, assim como o Google, as redes sociais contam com seus próprios algoritmos, por meio dos quais ranqueiam conteúdo na linha do tempo dos usuários, sempre de acordo com as premissas de cada plataforma. Isso significa que você deve promover seu conteúdo organicamente ou garantir seu lugar ao sol no *feed* dos usuários por meio de anúncios patrocinados, disponíveis em todas as plataformas apresentadas neste capítulo.

MONITORANDO OS RESULTADOS

Há dois modos fundamentais de monitorar os resultados de suas estratégias em redes sociais. O primeiro, já descrito no subcapítulo anterior, consiste na análise das métricas disponibilizadas em cada uma das plataformas e em ferramentas como o Google Analytics, que nos permitem compreender onde estão nossos erros e acertos para que possamos repensar estratégias futuras. O segundo exige a pesquisa do nome de sua marca e demais palavras-chave relacionadas ao seu negócio nas redes sociais, com o intuito de descobrir postagens que falem sobre seus produtos ou serviços e agir caso a impressão causada não esteja em conformidade com a imagem que você deseja estabelecer para sua marca na mente dos consumidores.

Estabelecemos, assim, as bases de uma estratégia efetiva de marketing nas redes sociais, tirando o melhor proveito das potencialidades de cada plataforma para a visibilidade e o fortalecimento de sua marca. O sucesso virtual, porém, não se alcança apenas com curtidas e compartilhamentos. Devemos utilizar também uma ferramenta tão antiga — pelo menos para os padrões da internet — quanto efetiva, o e-mail, mais essencial do que nunca às campanhas de marketing da atualidade para atrair a atenção dos usuários e aumentar suas vendas.

O e-mail marketing vai muito bem, obrigado, e falaremos sobre sua relevância nas próximas páginas.

CAPÍTULO 6
E-MAIL MARKETING

A RELEVÂNCIA DO E-MAIL MARKETING

Ao fim de 2021, o número de usuários de e-mail baterá os 4 bilhões. Nesse mesmo período, a quantidade de mensagens eletrônicas enviadas diariamente pode chegar a 310 bilhões (Radicati Group, 2018). Cifras tão expressivas são um indicativo da importância dos e-mails no mundo atual, sobretudo em meio aos profissionais da área de marketing, dentre os quais 93% afirmam utilizá-lo na distribuição de conteúdo (Content Marketing Institute, 2017). A probabilidade de se conquistar um clique a partir de um e-mail é seis vezes maior do que de um tweet (Campaign Monitor, 2019), uma mensagem tem cinco vezes mais chances de ser vista em um e-mail do que no Facebook (Radicati Group, 2013). Surpreendente? De modo algum. O e-mail é um meio de comunicação fácil, completo e ainda muito importante, mesmo com a ascensão das redes sociais e dos comunicadores instantâneos. É uma ferramenta popular para concluir negócios, fazer reclamações e sugestões e uma infinidade de outras funções — incluindo as comerciais.

Dentro do universo do marketing, o e-mail é uma ferramenta especial para quem quer divulgar seus produtos ou serviços, conseguir novos clientes e realizar grandes negócios. Em suma, o e-mail marketing é uma mensagem especialmente criada em campanhas de marketing digital. À diferença do spam, constituído de mensagens disparadas a esmo, o e-mail marketing tem "alvos" bem definidos, como clientes em potencial para o seu negócio. Outra diferença do e-mail marketing com relação ao spam é que o primeiro traz consigo uma opção de cancelamento por parte do público-alvo. Ou seja, o destinatário pode decidir não fazer mais parte da sua lista de contatos.

Naturalmente, a função do e-mail marketing é vender, e cada vez mais as empresas se voltam para essa ferramenta, que parecia ter sido deixada de lado. O e-mail é um ótimo vendedor do seu negócio, uma forma efetiva de você alcançar milhões de pessoas por minuto, dado o grande número de usuários de e-mail (muitos deles, com mais de uma conta). No mais, trata-se de uma ferramenta direcionada, uma vez que você pode filtrar quem receberá sua mensagem. Isso aumenta demais as suas chances de se comunicar especificamente com o seu público-alvo.

No entanto, o e-mail marketing vai além do uso promocional e comercial, constituindo-se também em uma maneira efetiva de comunicação com o cliente, uma maneira de expor não só os seus produtos, mas suas ideias, planos e conceitos. Uma vez que alguém aceita receber e-mails de uma empresa, dá acesso a algo que é usado para comunicação de diversas formas, com parentes, amigos, colegas de trabalho, além do lazer. E se algo

E-MAIL MARKETING

é tão usado para tantos fins, por que não para fazer negócios? O e-mail marketing é um método eficaz de manter sua marca na cabeça do cliente, de mostrar a ele campanhas promocionais e novidades, de difundir suas qualidades e fomentar o relacionamento com antigos e novos consumidores.

O e-mail marketing é um método valioso de acesso direto ao cliente, pois possui custo baixo de usabilidade e pode ser acessado em computadores e nos mais diversos dispositivos móveis, como tablets e celulares. Ademais, oferece infinitas possibilidades de formatação de texto (cores e fontes diferentes) e de inclusão de imagens, vídeos, links e atalhos para redes sociais. O texto, seu principal elemento, deve trazer uma mensagem direta, de fácil leitura, com o máximo de informações para apresentar e prender a atenção do leitor.

O e-mail marketing é uma ferramenta com grande capacidade de personalização. A partir de moldes pré-programados ou feitos do zero, temos à nossa disposição uma infinidade de possibilidades, limitadas apenas pela imaginação. Podemos usar, por exemplo, nossa identidade visual, com cores, fontes, links, imagens e sons que remetam à nossa marca. Foi-se o tempo em que um e-mail marketing era enviado sem qualidade em sua elaboração. Se no início era algo que mais lembrava a famigerada mala-direta, contendo apenas texto, atualmente a mensagem conta com diversos elementos que deixam o conteúdo atraente. As linguagens de marcação (como HTML, CSS e JavaScript) tornam as mensagens "vivas" e cheias de interatividade, de modo a valorizar o objeto anunciado. E, uma vez trabalhada a identidade visual da mensagem com elementos de seu negócio, ela se torna legítima representante de sua marca.

Nas páginas a seguir, abordaremos os tipos de e-mail marketing à nossa disposição, o passo a passo do planejamento de envio e as melhores dicas para elaborar o e-mail ideal e incrementar suas estratégias de marketing digital.

TIPOS DE E-MAIL MARKETING

O e-mail marketing é, fundamentalmente, um informativo dos seus serviços e um canal direto com os consumidores. Deste modo, ele pode assumir diversos formatos e ser configurado em tipos variados para ajudá-lo nos mais distintos fins. Ao compreender as diferentes formas que um e-mail marketing pode assumir, você saberá detectar quando e como usar cada variação, que expomos a seguir, com a definição de suas principais características.

NEWSLETTER

A newsletter, ou boletim informativo, reúne as novidades e as últimas notícias, geralmente temáticas, que envolvem o seu negócio. Seu objetivo é atualizar as pessoas sobre lançamentos de produtos ou serviços, datas comemorativas ou histórias de sucesso. Costuma reunir as novidades de um período determinado: um dia, uma semana, um mês etc. Deve conter links para os conteúdos, uma identidade própria e regularidade. O sucesso do uso da newsletter depende, sobretudo, de se agregar **conteúdo** ao público. Em vez de despejar anúncios vazios dia após dia — o que pode causar irritação em seus clientes —, busque um conteúdo que proporcione conhecimento. O boletim informativo de uma estilista pode ser encabeçado por um artigo de grande interesse, como "Dez dicas para se vestir bem no trabalho"; o de uma papelaria pode destacar um texto como "Os produtos de escritório mais populares da atualidade". Quanto mais relevante a sua newsletter, maior a taxa de cliques.

PROMOCIONAL

O e-mail promocional, como o próprio nome adianta, traz alguma promoção de produtos ou serviços, sejam eles pagos ou gratuitos — afinal, pode-se muito bem "ofertar" um conteúdo gratuito, como um e-book ou webinário, à procura de atrair o usuário e realizar a conversão, objetivo principal deste tipo de e-mail marketing. Esta categoria deve ser composta de dois elementos-chave irresistíveis: a oferta e a *call to action*. Exibir o produto e dizer "clique aqui para comprar" já não basta. É preciso lançar mão da criatividade para mostrar ao público por que seu produto ou serviço é imperdível e conduzi-lo à compra por meio de uma oferta e uma experiência satisfatórias. Pense em uma loja de doces; não seria mais atraente se, em vez de só exibir promoções via e-mail, ela propusesse uma brincadeira com os clientes ao pedir que eles brincassem de "jogo da memória" e ganhassem um desconto proporcional ao seu desempenho no jogo? Os e-mails promocionais são abundantes e, para se destacar, você deve usar a imaginação.

EVENTOS

O objetivo principal do e-mail marketing para eventos é fazer com que o público crie boas expectativas a respeito do evento e sinta-se compelido a participar dele por se identificar com sua finalidade. Logo, tanto seu texto quanto sua identidade visual devem traduzir a ideia geral do evento e gerar engajamento, sem deixar de lado dados essenciais como links, imagens, informações, preços, como conseguir ingressos etc. Acima de tudo, o e-mail marketing para eventos deve se dirigir ao cliente de modo individual para reforçar seu vínculo com a marca e fazê-lo sentir-se especial, de modo que a boa impressão se estenda para além do evento em si.

TRANSACIONAL

Este tipo de e-mail marketing é uma mensagem enviada instantaneamente como resposta a uma ação do consumidor. Trata-se de uma das modalidades mais eficientes, pois é planejada para ser acionada em resposta a um comportamento do destinatário. Assim, um e-mail transacional é ativado quando o leitor clica na oferta de uma mensagem enviada anteriormente, mas não finaliza a compra, por exemplo. Pode ser também uma oferta de produto ou serviço que tenha determinada conexão com algo que o cliente tenha comprado, um pedido de feedback ou mesmo o lançamento de novas versões de um produto já adquirido no passado.

BOAS-VINDAS

O usuário acabou de se cadastrar em sua loja ou site? Sua tarefa é fornecer a ele as informações mais relevantes sobre seu negócio e guiá-lo nos próximos passos que conduzem à conversão — e é aí que entra o e-mail de boas-vindas. Este tipo de e-mail trava seu primeiro contato com o público, de modo que uma boa impressão é fundamental. Mostre que você está ali para resolver os problemas do consumidor, agradeça por aquele novo vínculo, disponha-se a conversar em seus canais de atendimento e diga que o seu objetivo é atender às potenciais expectativas da clientela.

CLIENTES INATIVOS

Como atrair aquele cliente que há muito tempo não realiza uma compra ou interação? Não existe fórmula mágica, mas há atitudes que você pode tomar nos chamados e-mails para clientes inativos, tais como: criar uma linha de assunto atraente que instigue o consumidor a abrir sua mensagem, dirigir-se a ele de modo individual para personalizar sua mensagem, recomendar produtos com base no histórico de compra do usuário — como quem diz: "Ei, não se esqueça de mim, veja como sei das coisas de que você gosta" — e oferecer códigos promocionais como impulso para conquistar a venda.

RELEASE

O release é o e-mail marketing destinado a parceiros e à cobertura jornalística. Deve conter informações precisas e completas, a fim de prover conteúdo a quem escreverá o material jornalístico, e ser disparado para uma lista específica de portais, jornais, jornalistas, blogs etc., de preferência que tratem do mesmo universo habitado por seu produto ou serviço.

• • • •

Com a combinação desses vários formatos, você enriquecerá sua estratégia de e-mail marketing diante de um público com necessidades distintas. A partir desse conhecimento, é possível executar o planejamento de envio do e-mail marketing, sobre o qual nos debruçaremos nas próximas páginas. Deste modo, etapa após etapa, dominaremos a arte de cativar o consumidor com um só clique.

PLANEJAMENTO DE ENVIO DO E-MAIL MARKETING

Como já aprendemos nos capítulos anteriores, disciplina, organização e criatividade são essenciais em toda e qualquer prática bem-sucedida de marketing digital. Com o e-mail marketing não é diferente. Para atingir seus objetivos nesse terreno, você deve delinear claramente seu plano de ação, definindo aspectos que vão desde o alinhamento de sua lista de clientes até o cuidado visual dos e-mails. Preparamos um passo a passo para auxiliá-lo nesse planejamento, permeado por dicas que lhe permitirão consolidar com sucesso sua estratégia de e-mail marketing.

OBJETIVO

Antes de começar, você deve definir o seu objetivo. O que você busca em sua campanha de e-mail? Apresentar algo novo? Reativar clientes antigos? Divulgar um evento? Lembre-se de que, como no planejamento em marketing de conteúdo do terceiro capítulo, devemos estipular nosso propósito desde o começo para que as demais etapas se adequem a ele. Para nos ajudar a elucidar o plano de ação, trabalharemos com dois novos exemplos fictícios: o de uma profissional liberal (a consultora de finanças Daniela Martins) e o de uma pequena empresa (a loja de materiais de construção Boa Casa). Daniela Martins quer apresentar ao público o seu novo serviço de consultoria financeira especializada para casais, enquanto a Boa Casa deseja divulgar seu workshop on-line de instalação de papéis de parede. Uma vez que os objetivos estejam delineados, o próximo passo é entender o público para o qual os e-mails serão enviados.

DA PERSONA À LISTA

"Com quem você está falando?" é uma pergunta-chave nas práticas de marketing digital expostas neste livro, e aqui a exploramos novamente para definir qual será a linguagem das campanhas de e-mail de ambos os exemplos hipotéticos. Voltemos, então, o nosso olhar às boas e velhas personas para guiar nossos próximos passos:

A *buyer persona* de Daniela Martins é Miguel, um ator de 26 anos que reside em Manaus e é casado com Luiza, publicitária. Miguel nutre certo interesse por finanças, pois deseja garantir sua futura aposentadoria, mas confessa pouco trato com o dinheiro. Miguel conheceu os serviços de Daniela Martins por indicação de uma amiga, mas não acompanha com frequência os conteúdos divulgados pela profissional.

Já a *buyer persona* da Boa Casa é Rosa, uma revendedora de cosméticos residente em Fortaleza. De personalidade independente, Rosa sempre se prontifica a fazer os reparos domésticos em casa e gosta de acompanhar vídeos no Facebook para aprender novas atividades. Foi nessa plataforma que conheceu a loja Boa Casa, e, embora tenha se cadastrado no site para receber promoções, nunca adquiriu seus produtos.

Agora que conhecemos os públicos de Daniela Martins e da Boa Casa, o passo seguinte é tratar da sua lista de e-mail para o disparo da correspondência. Essa lista, também conhecida como mailing, é obtida mediante campanhas de cadastramento em promoções e eventos, e os clientes fornecem seus dados de forma espontânea. Você pode optar por enviar as mensagens para a lista inteira ou por segmentá-la de acordo com o perfil dos consumidores, direcionando-as de forma ainda mais específica — uma opção sempre preferível. Lembre-se de que é um erro grave comprar uma lista pronta, já que você não conhece o perfil de seus integrantes e não obteve sua autorização para o envio de e-mails. Uma vez definidos os "alvos", partimos para a elaboração do e-mail.

COMPOSIÇÃO DO E-MAIL

Nunca é demais reforçar a necessidade de se elaborar um e-mail marketing relevante, mas igualmente fundamental é lembrar que existem **quatro** elementos imprescindíveis a qualquer formato, os quais elucidaremos com o auxílio dos exemplos de Daniela Martins e da Boa Casa.

1. Conteúdo

Apresentar algo novo, satisfazer um desejo ou uma necessidade, instigar o público a querer mais — tudo isso é possível por meio do conteúdo do e-mail marketing, que deve ser, acima de tudo, breve e direto ao ponto. No caso de Daniela Martins e seu objetivo de divulgar seu novo serviço, uma boa saída é relacionar, em cinco tópicos de frases curtas, as vantagens de um bom planejamento financeiro para um casal (aliados, se possível, a dados estatísticos). Quanto à Boa Casa e sua meta de divulgar o workshop virtual, uma ideia possível é unir informações básicas sobre a data e a hora do evento a uma breve amostra da aula. Essa amostra pode ser um vídeo que resuma em poucos segundos o objetivo do workshop e apresente a lista de materiais necessários, os quais podem ser comprados na própria Boa Casa.

2. Assunto

Hora de colocar seu tino comercial em ação. O título é o primeiro elemento com o qual o usuário tem contato ao receber o e-mail, portanto, deve ser chamativo e despertar a curiosidade. Aqui vale o chamado título "vendedor" ou "matador": coloque o nome do produto/serviço/evento e destaque o que deve ser destaque, sem deixar de ser objetivo. Para a divulgação do novo serviço de Daniela Martins, algo do gênero "Pare de brigar por dinheiro!" pode dar o sentido de urgência necessário à contratação do serviço da consultora financeira; para a loja de materiais de construção, um título como "Aprenda a instalar papéis de parede e economize dinheiro" pode instigar o senso de autonomia do público-alvo personificado em Rosa.

3. Visual

A aparência do e-mail pode ser o "cartão de visita" do seu negócio, portanto, invista na qualidade visual da mensagem. Garanta que o design seja claro e, sobretudo, condizente com a identidade visual da sua marca — sobretudo em termos de tipografia e cores. Trata-se de algo que pode destacá-lo em relação aos concorrentes. Atualmente, a responsividade (adequação do corpo da mensagem a telas variadas, como monitores, celulares e tablets) também é essencial, pois permite que sua mensagem seja devidamente exibida em qualquer dispositivo em que seja aberta. Já em relação às imagens, elas devem ser inseridas de modo a auxiliar a compreensão do texto, e não o contrário. Tanto no exemplo de Daniela Martins quanto no da Boa Casa, as informações principais devem constar no topo do e-mail de forma esteticamente atraente e legível; a primeira pode ilustrar sua mensagem com a imagem de um casal sorridente e a segunda deve concentrar seu apelo visual na amostra em vídeo do workshop.

4. *Call to action*

Você deve garantir que sua mensagem incentive o destinatário a interagir, seja abrindo um link de compra ou respondendo à mensagem. Faça com que texto e imagem trabalhem juntos para que o cliente cumpra o "chamado à ação". Alie menus, links e botões a textos que promovam a interação (links para visitar o site oficial ou baixar algum conteúdo são sempre eficientes). Crie uma sensação única de urgência, chamando o cliente para interagir. Essa é a forma mais fácil de sabermos se o e-mail foi bem-sucedido e aceito, pois gera-se uma resposta do recebimento do material por parte do cliente. Para Daniela Martins, a *call to action* pode vir na forma de um pedido para o cliente **entrar em contato** a fim de obter mais informações sobre o novo serviço da consultora; para a Boa Casa, a chamada pode se traduzir no preenchimento de um **formulário** de confirmação de participação no workshop virtual.

MONITORAMENTO

Como em qualquer outra estratégia de marketing digital, devemos acompanhar os resultados de nossas campanhas de e-mail marketing para analisar erros e acertos, com o intuito de direcionar nossas futuras ações. Para isso, contamos com diferentes métricas que, cruzadas, dão o panorama de seu desempenho. Listamos a seguir as indispensáveis:

- **Taxa de Abertura**: Relacionada ao total de e-mails abertos em comparação ao total de e-mails enviados;
- **Taxa de Cliques**: Referente à quantidade de acessos aos links dos e-mails em comparação ao total de e-mails entregues;
- **Taxa de Conversão:** Abrange as ações dos usuários (uma compra, preenchimento de cadastro etc.) a partir do recebimento de um e-mail em comparação com o total de e-mails enviados;
- **Taxa de Inativação**: Relacionada ao total de usuários que deixaram de se engajar com o seu negócio.

A partir desse planejamento, formamos uma estratégia sólida para as campanhas de e-mail marketing, cuja aplicação metódica e constantemente revisada (de acordo com as mudanças no perfil do público-alvo) só tende a render bons frutos para os seus negócios. Para incrementar esse método e diferenciar seu e-mail marketing da concorrência com qualidade e criatividade, propomos no subcapítulo a seguir uma lista de sugestões para a elaboração do e-mail marketing ideal.

CRIANDO O E-MAIL IDEAL

No e-mail marketing, você deve fisgar o usuário em dois momentos: no título, que deve ser perfeito (para garantir que a mensagem se destaque em meio à enxurrada de outras), e no e-mail em si, para que o consumidor se sinta instigado a fazer o que você sugere (uma compra, uma inscrição etc.). Tarefa duplamente difícil, não? Mas podemos lançar mão de alguns artifícios bem-sucedidos entre os usuários para aperfeiçoar sua mensagem e aproximá-lo da tão almejada conversão:

- **Elabore um título criativo** — O seu usuário deseja ser surpreendido. Se ele vir "mais do mesmo" na sua caixa de e-mails, ignorará sua mensagem, como ocorre com tantas outras. A primeira regra, portanto, é fugir do óbvio. Busque algo inusitado no assunto do e-mail, tente imaginar uma pergunta ou frase que desperte sua curiosidade, e evite cair na tentação dos irresistíveis "promoção" e "desconto". É altamente recomendável apelar para os sentimentos do usuário, quer pelo mistério ("Quer aprender inglês com professores nativos? Saiba como"), pelo afeto ("Clientes especiais merecem cupons especiais") ou pela urgência ("Corra para garantir seu brinde").

- **Dê uma palhinha** — As pessoas são "bombardeadas" por inúmeras mensagens todos os dias. Sendo assim, tendem a passar rapidamente pelos e-mails da sua caixa de mensagens. Portanto, é preciso dar muita atenção não só ao título, mas também ao chamado *preheader*. O *preheader* é um pequeno texto que acompanha o título e tem como objetivo chamar a atenção do leitor. É como uma prévia do conteúdo. No *preheader*, você resume o teor de sua mensagem em poucas palavras e convida o leitor a abrir o e-mail. Coloque os produtos que deseja mostrar, a grande novidade da sua empresa, os prêmios de algum evento e assim por diante.

- **Dê atenção às imagens**... — Imagens são um elemento fundamental de um e-mail marketing por seu valor estético e informativo. Você deve garantir não só a sua qualidade em termos de resolução e a sua adequação ao contexto como também cuidar para que elas não sejam o único componente do e-mail. Do contrário, sua mensagem poderá ser bloqueada pela caixa de correio dos usuários. Uma dica importante é inserir links nas imagens para facilitar a interação com o leitor, sem esquecer da elaboração do *alt text* para a navegação dos deficientes visuais.

- ... **mas não se atenha a elas** — Os usuários gostam de informações expostas de maneira interativa. Além das imagens, existem outros modos atraentes de divulgar ideias em um e-mail marketing, como infográficos e checklists. Tais recursos de expressivo apelo visual tendem a instigar a curiosidade do usuário em direção à conversão pretendida pelo emissor.

- **Cuide do seu texto** — Parece algo óbvio, que chegamos até mesmo a apontar no terceiro capítulo do livro, ao abordar as estratégias do texto vendedor, mas é essencial cuidar de sua escrita, sobretudo em termos gramaticais. Além disso, evite textos muito formais ou cheios de tecnicismos, bem como o uso de caixa-alta: além de passarem a sensação de que você está gritando, textos em caixa-alta são tratados como lixo eletrônico pelos serviços de e-mail. Lembre-se, acima de tudo, de que você deve se dirigir ao usuário pessoalmente para reforçar o vínculo afetivo, sem permitir, é claro, que tal informalidade soe desrespeitosa.

- **Use emojis e GIFS** — Emojis e GIFS são dois elementos bastante populares em redes sociais e na comunicação dos mais jovens. Funcionam no e-mail marketing como ferramentas de casualidade, algo que remove a capa de uma interação muito informal. No caso dos GIFS, se usados com moderação, chamam a atenção para outro elemento importante da internet: o meme, elemento cômico que pode trazer leveza e atualidade ao seu e-mail.

- **Evite excessos** — As informações que compõem sua mensagem, tais como preços, endereços, avisos e imagens, devem bastar por si sós, portanto, evite os anexos. Considere que o usuário pode não ter acesso a internet rápida, espaço em seu computador ou, simplesmente, temer um vírus. Trabalhe com links, não com arquivos. Enviar mensagens em sequência e em grande número pode aborrecer ou assustar o público.

- **Recorra às mensagens temáticas** — Crie um calendário de envios, planejando um ano inteiro de disparo de e-mails temáticos. Ao elaborá-lo, leve em consideração datas importantes, como o Dia das Mães e o Natal, não só para facilitar seu fluxo de trabalho, mas também — e mais importante — para conquistar mais vendas.

FERRAMENTAS ESSENCIAIS

Não adianta nada você criar o e-mail ideal se, no fim das contas, ele não chega aos destinatários. É crucial evitar que o seu e-mail se torne um spam ou caia na lixeira da caixa de mensagens dos seus clientes. Para isso, há algumas opções de software e sites especializados. Conheça algumas que podem ser bastante úteis para você:

MailChimp: Plataforma de envio de e-mail marketing bastante popular na atualidade. Em pouco tempo, você pode criar e enviar uma campanha dentro do site, já que o serviço oferece doze mil disparos grátis ao mês para mais de dois mil inscritos. Você pode usar *templates* disponíveis para o seu e-mail, além de dicas do serviço após análise de dados de sua empresa.

ActiveCampaign: Poderosa plataforma de marketing, fornece ferramentas de criação de mensagens do zero ou pré-elaboradas. Aqui, você pode planejar o envio de mensagens em sequência e receber relatórios de desempenho, dentre vários outros recursos.

GetResponse: Serviço com editor de *templates* de mensagens que facilita a elaboração de mensagens. São mais de quinhentas *templates* à disposição, assim como imagens licenciadas do banco de imagens Shutterstock. Conta com uma série de ferramentas de segmentação de seus contatos.

iPORTO: Ferramenta nacional voltada para e-mail marketing e e-mails transacionais. Atende empresas de todos os portes e disponibiliza planos a preços acessíveis, assim como suporte técnico por WhatsApp.

AWeber: Especializada em atender pequenos e médios negócios, é capaz de hospedar páginas de cadastro para quem ainda não possui uma home page. Assim, você tem a chance de aumentar sua lista. Possui galeria de imagens gratuitas e editor de mensagens.

Constant Contact: Com duas décadas de atuação, o Constant Contact oferece um teste de trinta dias para seus serviços. Auxilia na criação de campanhas de e-mail marketing e oferece modelos prontos de mensagens (editáveis), segmentação de listas e acompanhamento em tempo real do desempenho de suas mensagens.

ConvertKit: Uma plataforma mais simples, mas não menos poderosa. Oferece *templates* de mensagens e possui uma ferramenta de visualização prévia para você conferir o conteúdo antes de enviá-lo. Também oferece uma opção para você descobrir quem está inativo em sua lista, de modo a remover esses destinatários.

Aprendemos ao longo dos últimos capítulos a explorar as vantagens do marketing de conteúdo, do marketing de busca e do marketing de redes sociais. Neste capítulo, revisamos as práticas essenciais para uma abordagem bem-sucedida do e-mail marketing. No entanto, para que todo esse conhecimento seja efetivamente incorporado à nossa prática diária do marketing digital, devemos absorver também a própria mentalidade do planejamento. No capítulo a seguir, trataremos dessa importante postura, que pode aprimorar não só o seu trato com as estratégias deste livro, mas com o seu negócio como um todo.

CAPÍTULO 7
MENTALIDADE DO PLANEJAMENTO

DO QUE SÃO FEITOS OS OBJETIVOS?

Você já deve ter visto um bebê aprendendo a caminhar. Trata-se de um processo sempre marcado por muitos reveses, como tombos, batidas em móveis e machucados. No entanto, apesar de todas as dificuldades, a criança não desiste. Assim, podemos deduzir que o ser humano nasce comprometido e determinado a alcançar seus objetivos, sem medo dos percalços que encontrará pelo caminho. Então, por que, com o passar do tempo, ficamos com mais medo de errar? Por que será que deixamos de ser tão determinados como éramos quando tínhamos apenas poucos meses de vida?

Não é nosso objetivo encontrar respostas exatas, pois cada pessoa é única e tem sua própria bagagem de experiências, que definem seu modo de pensar e agir. Nosso propósito é tentar resgatar essa persistência, essa força de vontade que possuíamos quando nascemos — qualidades tão necessárias para que consigamos conquistar nossos objetivos. Podemos fazer isso por meio da mentalidade do **planejamento**.

O planejamento é o processo de criação de um plano composto por iniciativas e ações a serem executadas de forma a se viabilizar o alcance de determinado objetivo. Nada se planeja, portanto, sem a planificação de ações e a definição de um objetivo. Sendo assim, o planejamento agrega quatro elementos fundamentais: **objetivo, ações, iniciativa** e **plano**. Com o entendimento de cada um desses elementos, destacados a seguir, podemos compreender a lógica por trás dessa abordagem organizacional.

OBJETIVO

Sem um objetivo bem definido, não temos condições de nos orientar em direção à nossa finalidade. Para que um objetivo seja bem delineado, ele deve contar com três características: objetividade, mensurabilidade e divisibilidade. A **objetividade**, qualidade do que é transparente e direto, garante a solidez do objetivo e impede que ele seja lido de maneira diferente por terceiros — e, consequentemente, se torne algo impreciso. A **mensurabilidade**, por sua vez, assegura que o objetivo se torne dimensionável e, consequentemente, alcançável. Pense em um youtuber cujo objetivo é ser famoso. Trata-se de algo um tanto abstrato; afinal, como é possível mensurar a fama? Nesse caso, seria preciso trocar o objetivo para algo mais concreto, como "ter um milhão de seguidores". Objetivos mensuráveis nos ajudam muito a mudar a rota do nosso plano caso, ao passar do tempo, as medições não mostrem claramente que estamos evoluindo. A **divisibilidade**, por fim, indica a segmentação do objetivo principal em objetivos menores, denominadas etapas ou metas, que tornam a trajetória até a sua concretização menos árdua e mais bem delineada. Basta pensar novamente no exemplo do youtuber: seu objetivo de conquistar um milhão de seguidores parece algo monumental, portanto, é essencial transformar esse objetivo em uma "escada", cujos degraus constituam as etapas — primeiro, alcançar dez mil seguidores; depois, cinquenta mil, e assim por diante.

AÇÕES

Uma vez definido o objetivo, o próximo passo é delimitar as ações que devem ser tomadas para conduzir-nos ao nosso propósito final. Imagine que nosso objetivo seja acumular um milhão de reais. É um objetivo claro, mensurável e que pode ser dividido em metas. Mas quais ações devemos realizar para atingir esse feito? Se já conhecemos atividades que rendam algum dinheiro, precisamos averiguar se elas serão suficientes para que alcancemos o objetivo. Caso contrário, ele não será factível.

Que tal um plano cujo objetivo seja ter um perfil no Instagram com mais de dez mil seguidores? Se você leu com atenção os capítulos anteriores, certamente já tem ideia do que é necessário para conquistar esse objetivo. Logo, sua lista de ações deve conter as atividades necessárias para chegar ao objetivo, como produzir determinada quantidade de postagens por semana visando garantir o engajamento dos seguidores e interagir com o público diariamente, respeitando sobretudo a regularidade para o cumprimento bem-sucedido das ações.

INICIATIVA

A iniciativa é o "pontapé inicial" no plano de ações. Ela reúne as ações, atitudes e comportamentos que, conjuntamente, constituem os passos rumo ao objetivo. A iniciativa representa a passagem do que se é imaginado para a "mão na massa" propriamente dita. Retomando o exemplo do milhão de reais, quais seriam as iniciativas possíveis? Investimentos podem render dinheiro todo mês. E que tal matricular-se em cursos de aperfeiçoamento para enriquecer o currículo? Com isso, você pode se candidatar a um emprego com maior remuneração. Já no caso do youtuber que deseja angariar um milhão de seguidores, há iniciativas interessantes, como o aperfeiçoamento da qualidade de suas fotos, a criação de hashtags que remetam à sua conta e a interação com outros perfis.

PLANO

O plano, sob uma ótica simplista, é uma lista de ações a serem executadas. Como não existe planejamento sem controle, é essencial definirmos também os critérios que usaremos para medir e avaliar o sucesso dessas ações. Desta forma, reuniremos subsídios para julgar se os resultados trazidos por elas nos levam, de fato, para mais perto do nosso objetivo. Medir os indicadores de desempenho e compará-los com os períodos anteriores faz com que o processo como um todo se torne mais dinâmico, e isso pode se converter em estímulo para a concretização do plano como um todo. Se você conseguir definir recompensas para cada etapa atingida, terá consequentemente mais estímulos para seguir em frente.

• • • • •

Remeto agora todos esses conceitos da mentalidade do planejamento a uma experiência particular. Tive o prazer de percorrer, em 2019, o Caminho de Santiago, especificamente o Caminho Francês, cuja distância é de cerca de oitocentos quilômetros. Esse trajeto se inicia na cidade de Saint-Jean-Pied-de-Port e termina em Santiago de Compostela. Na elaboração de um planejamento para essa peregrinação, de cara o objetivo já está bem claro: caminhar até Santiago de Compostela a partir da cidade de Saint-Jean-Pied-de-Port. O objetivo não é subjetivo, pois tem uma definição clara. Ele é quantificável, pois se conhece a distância entre a cidade da qual se sai até a cidade a que se chega. E, por fim, ele é divisível, uma vez que, para chegar até Santiago, é necessário passar por diversas cidades.

Consideremos as ações a serem executadas para se alcançar o objetivo. Como se trata de uma peregrinação a pé, a ação principal é caminhar. As ações secundárias são voltadas a se garantir a caminhada, isto é, o peregrino deve se manter alimentado e descansado. Sabemos qual é a distância total a ser percorrida, mas nos faltam informações referentes ao prazo necessário para se cumprir o objetivo. Quem faz o Caminho de Santiago normalmente trabalha com dois prazos: o prazo máximo para se completar o trajeto e o prazo desejável. O prazo máximo é limitado pela data do voo de retorno ao lar, enquanto o prazo desejável varia de pessoa para pessoa. Para efeito de análise, vamos definir que o prazo desejado para percorrer os oitocentos quilômetros seja de trinta dias, portanto, temos um média de 27 quilômetros de caminhada diária.

Nesse ponto, é importante ressaltar o conceito de mapeamento de riscos, que nada mais é do que listar os acontecimentos que podem causar problemas ao plano como um todo. Feito isso, é necessário buscar soluções que possam impedi-los ou amenizá-los. Neste exemplo, para viabilizar o cumprimento do objetivo de caminhar oitocentos quilômetros em trinta dias, a iniciativa fundamental é cuidar, *a priori*, do condicionamento físico, o que exigirá um treinamento anterior à viagem. Além disso, também é importante considerar os equipamentos necessários, tais como roupas e sapatos, e se o peso a ser carregado será suportável durante a caminhada. Também é necessário garantir hospedagem com antecedência. Tudo isso minimiza de modo considerável os potenciais problemas que podem arruinar a empreitada.

Igualmente importante é considerar as particularidades do seu objetivo, não importa quão simples pareçam. A caminhada de 27 quilômetros em um dia pode ser completamente diferente da caminhada do dia seguinte; o trajeto pode ser mais inclinado e exigir um esforço maior ou envolver qualquer outro tipo de imprevisto. Lidar com essas minúcias antes de dar o seu primeiro passo em direção ao objetivo é essencial.

Embora meu objetivo abranja uma caminhada de oitocentos quilômetros, pouco penso na distância total, e sim na distância diária a ser superada. E de onde vem o estímulo para me levantar às cinco da manhã e começar a caminhar de novo? Das recompensas conquistadas ao cumprir cada uma dessas trinta metas diárias que compõem o plano. Ao fim do dia, depois de caminhar 27 quilômetros, tudo que desejo é um banho quente, um bom prato de comida e uma cama confortável. Não há recompensa melhor para quem caminhou tanto, e são elas que nos dão fôlego para atingir o objetivo final.

Para que um planejamento seja eficiente, é muito importante estabelecer essas pequenas metas, pois o que nos estimula não é apenas o objetivo final, mas também aquilo que conquistamos ao longo da jornada. É uma força obtida pela disciplina, pela persistência e pela força de vontade — como aquela que exercemos ao andar pela primeira vez.

Tal planejamento se aplica aos mais diversos fins, seja concluir os estudos ou conquistar a independência financeira, desde que sejam palpáveis e ensejem a criação de um plano factível. E é com este conhecimento em mente que aprenderemos a aplicar a mentalidade do planejamento no âmbito do marketing digital.

PLANEJAMENTO EM MARKETING DIGITAL: UM EXEMPLO PRÁTICO

Como vimos no início deste livro, os objetivos de marketing se traduzem em criar um ambiente propício para a venda. Difícil imaginar um negócio que não tenha como um de seus principais objetivos vender mais produtos ou serviços, atingindo margens de lucro que se traduzam no retorno planejado para o investimento realizado. E, como também aprendemos aqui, quem quer vender mais produtos ou serviços deve ter uma presença consistente nas redes sociais — presença essa que pode ser representada por um número de seguidores relevante dentro de sua área de atuação e uma linha editorial que gere certo nível de engajamento nas pessoas. Se você não sabe que direção tomar diante de tal possibilidade, é aqui que a mentalidade do planejamento se torna sua aliada para alavancar o seu negócio.

Nas próximas linhas, estabeleceremos como objetivo conquistar dez mil seguidores no Instagram em doze meses para angariar a almejada visibilidade, ilustrando assim uma abordagem possível da mentalidade do planejamento no marketing digital. Trata-se de um objetivo específico, mensurável e de prazo estabelecido, cujas estratégias podem ser revisadas no capítulo cinco desta obra. Vejamos, então, as categorias de ações que tornam o objetivo factível.

- **Conteúdo**: Em geral, as pessoas seguem perfis que oferecem conteúdo relevante para elas: fotos do seu cantor preferido, viagens de seus vizinhos ou mesmo dicas de bem-estar de um monge budista. A definição dos tipos de conteúdo que são relevantes depende, é claro, do que suas personas têm a informar, e abrange tanto os formatos dos conteúdos que serão postados (fotos, mensagens, vídeos) quanto as características do que será entregue (mensagens motivacionais, dicas de alimentação, tutoriais de maquiagem, sugestões de filmes). Esse conteúdo deve ser entregue com determinada sequência e periodicidade para criar uma espécie de identidade do perfil, e é igualmente importante que suas características estejam em sintonia com a sua área de atuação.

- **Interação**: O Instagram leva em consideração o nível de interação que sua conta tem com outros perfis para definir quão relevante ela é. Dessa forma, é importante que você interaja, curtindo postagens de outros perfis, fazendo comentários e marcando pessoas nas postagens. A rede social é feita para interação, então nada mais indicado do que interagir com o ambiente proporcionado por ela para que sua presença se torne significativa.

Com relação a mapeamento de riscos, o que poderia acontecer com o nosso perfil que impossibilitaria alcançarmos o objetivo? Podemos imaginar que o abandono do plano de ações seja uma dessas situações. Outro risco que deve ser mitigado é o de banimento do perfil pelo Instagram. Isso inviabilizaria o alcance do objetivo, pois, uma vez banido, o perfil raras vezes é recuperado. Portanto, uma iniciativa fundamental é observar os termos de serviço e regras do Instagram para evitar que isso aconteça. Em geral, o banimento ocorre quando o usuário posta repetidamente conteúdos em desacordo com as políticas da rede social ou desrespeita o limite de interações imposto por elas para evitar o uso desmedido dessa estratégia.

Não menos importante do que definir as diretrizes de conteúdo e interação e traçar o mapeamento de riscos é estabelecer os indicadores que serão utilizados para nos certificarmos de que estamos progredindo rumo ao nosso objetivo. Entre os indicadores estão a quantidade de "curtidas" que as nossas postagens tiverem, o número de visualizações e as pessoas que passaram a nos seguir, entre outras métricas. Tudo isso deve ser apurado e registrado para que possamos fazer nossas análises de desempenho e registrar os acertos e erros da jornada rumo aos dez mil seguidores.

Nesse sentido, nosso plano se beneficia do uso de planilhas de controle. Trata-se de um recurso essencial para sua organização nas redes sociais, e pode assumir as mais diferentes finalidades. A seguir, temos o exemplo de um cronograma de um perfil sobre cabelos e maquiagem, que divide as postagens por dia, período, conteúdo e os indicadores a monitorar.

Dia	Período	Conteúdo	CONTROLE	
			Alcance	Like
Segunda-feira 11	Manhã	Post Boa Semana	120	12
	Tarde	Dica Cabelos 1	78	11
	Noite	Dicas da Semana 1	150	22
Terça-feira 12	Manhã	Repost Bacana		
	Tarde	Antes e Depois		
	Noite	Seus produtos favoritos		
Quarta-feira 13	Manhã	Tutorial Rápido		
	Tarde	Make de Celebridade		
	Noite	Make Criativa		
Quinta-feira 14	Manhã	Repost Bacana		
	Tarde	Antes e Depois		
	Noite	Dicas da semana 2		
Sexta-feira 15	Manhã	Post É Sexta-feira		
	Tarde	Dicas Cabelos 2		
	Noite	Ideias de Make		
Sábado 16	Manhã	Tutorial Fim de Semana IGT		
	Tarde	Dicas de Beleza		
	Noite	Dicas de Bem-Estar		
Domingo 17	Manhã			
	Tarde			
	Noite			

MENTALIDADE DO PLANEJAMENTO

Ao formular seu cronograma, basta distribuir as postagens ao longo da semana, divididas segundo as categorias de conteúdo ("Boa semana!", tutoriais, dicas etc.). Essa distribuição de conteúdo é o que dará uma identidade ao seu perfil. A definição de quantos posts deve haver em cada categoria e em quais dias da semana eles serão postados ajuda a definir a experiência proporcionada pelo conteúdo disponibilizado em seu perfil. Com relação às variáveis de controle, busque aos finais de cada semana apurar e registrar o rendimento de cada um dos seus conteúdos. Neste exemplo, foram escolhidas como variáveis de controle a quantidade de curtidas e o alcance de cada postagem, referente à quantidade de pessoas que visualizaram sua postagem nas próprias linhas do tempo.

Ao planejar sua oferta de conteúdo, esses resultados serão importantes para avaliar o que o seu público mais curtiu. Dessa forma, você poderá explorar os assuntos que tiveram mais repercussão entre seus seguidores e não insistir naqueles que renderam poucas curtidas e alcance. A repetição desse processo fará com que o conteúdo publicado se torne cada vez mais relevante para os seguidores, que acabam por "ditar" sua linha editorial mediante as curtidas e o alcance. Em outras palavras, a ideia inicial sobre o que oferecer é sua, mas, no decorrer dessa caminhada, os seguidores definirão o conteúdo a ser produzido.

Esse mesmo formato de planilha pode servir para você monitorar contas de concorrentes ou perfis de inspiração. Você não conseguirá monitorar a variável "alcance", uma vez que somente o proprietário do perfil tem acesso a essa informação, mas poderá acessar a quantidade de curtidas e ter uma noção geral das estratégias que funcionam — ou não — para as demais contas da rede e do que pode ser adotado por seu perfil.

Sabemos que, além do conteúdo, seu perfil também deve ter um determinado volume de interações para conquistar mais seguidores. Logo, definiremos como meta diária os seguintes resultados: cinquenta curtidas nas postagens, cinquenta comentários e duzentos novos perfis seguidos, dispostos na planilha de controle a seguir.

Dia	Conteúdo	Total	CONTROLE		
			Realizado	Seguindo	Seguidores
Segunda-feira 11	Likes	50			
	Comentários	50			
	Seguir	200			
Terça-feira 12	Likes	50			
	Comentários	50			
	Seguir	200			
Quarta-feira 13	Likes	50			
	Comentários	50			
	Seguir	200			
Quinta-feira 14	Likes	50			
	Comentários	50			
	Seguir	200			
Sexta-feira 15	Likes	50			
	Comentários	50			
	Seguir	200			
Sábado 16	Likes	50			
	Comentários	50			
	Comentários	200			
Domingo 17	Likes	50			
	Comentários	50			
	Seguir	200			

MENTALIDADE DO PLANEJAMENTO

À primeira vista, os números parecem exagerados, mas, à medida que você cria o hábito de curtir postagens interessantes e de seguir novas pessoas, a tarefa não toma muito tempo do seu dia. O ideal é começar com o planejamento de interação somente um mês após ter iniciado a execução do plano editorial, pois, para que as pessoas sigam você de volta, é importante que o perfil já tenha conteúdo. Assim que você iniciar esse planejamento de interação, é importante não se empolgar demais com o número de interações diárias, principalmente enquanto o perfil não tiver pelo menos seis meses de atividade, pois ele poderá ser punido pelo Instagram em virtude da atividade excessiva. No começo, procure não passar de trinta interações por hora, sejam elas curtidas, comentários ou pedidos para seguir.

Conforme explicamos no capítulo 5, seguir outros usuários é uma forma eficaz de fazer seu próprio número de seguidores crescer mais rápido, sobretudo logo após a abertura do perfil. Graças à lei da reciprocidade, algumas pessoas passam a seguir a sua conta em retribuição ao fato de você ter seguido as delas primeiro. Existe um limite de perfis que você pode seguir, situado em sete mil contas. Não é interessante atingir esse limite, pois, se o número de pessoas que você segue se torna muito maior do que seu número de seguidores, fica claro que o seu perfil tira vantagem da lei da reciprocidade. Um perfil se mostra mais consistente quando apresenta mais seguidores do que pessoas seguidas. Sendo assim, intercale períodos durante os quais você seguirá pessoas com períodos durante os quais deixará de seguir outras. Retomando nosso exemplo, se seguimos duzentas pessoas por dia, ao longo de dez dias teremos um total de duas mil pessoas seguidas. Nesse momento, você pode reavaliar esse total e deixar de seguir as pessoas que não obedeceram à lei da reciprocidade.

Ainda em relação à construção da lista de pessoas seguidas, pode haver algumas dúvidas sobre quem você deve seguir e onde encontrar essas pessoas. O ideal é seguir usuários que sigam outro perfil semelhante ao seu, mas que ostente um número de seguidores na casa das dezenas ou centenas de milhares e ofereça conteúdo de qualidade. Outra dica é alternar os "perfis de prospecção" durante o processo de seguir os usuários. Se você está seguindo trinta pessoas por hora, é recomendável que busque seguidores de seis contas diferentes. Como o Instagram exibe primeiro os seguidores mais recentes de cada perfil, as pessoas que você passará a seguir serão aquelas que acabaram de seguir ou o perfil no qual você está buscando seguidores.

FERRAMENTAS DE AUTOMAÇÃO E INTERAÇÕES

As ferramentas de automação são aliadas importantes na produtividade de suas postagens, pois com a ajuda delas você pode concentrar toda a criação e programação de postagens em um dia da semana e, nos demais, ocupar-se do planejamento de interações. Existem centenas de ferramentas disponíveis, e o recomendável é que você lance mão de opções que usem a própria API (Interface de Programação de Aplicativos) do Instagram, pois assim não precisará informar seus dados de acesso ao Instagram no site que utilizará para programar as postagens. A ferramenta de postagem que recomendamos é a Hoot Suite, que, em sua versão gratuita, permite que você administre até três perfis e programe até trinta postagens. Vale ressaltar que não aconselhamos o uso de sites que possibilitem automatizar as ações que incluímos no nosso plano de interações. O uso desses sites é proibido pelo Instagram, e o risco de você ter sua conta punida não vale a tentativa.

MENTALIDADE DO PLANEJAMENTO

> Para automatizar as suas tarefas com um certo nível de segurança, você pode utilizar programas de automatização disponíveis para vários sistemas operacionais, incluindo o Windows. Um exemplo é o Pullover's Macro Creator. Com ele, você pode automatizar tarefas executadas em seu computador. Como é possível acessar o seu perfil do Instagram usando um navegador, todas as funções que você exerce na rede manualmente — como dar curtidas ou seguir perfis — podem ser automatizadas por meio da criação de uma macro. A macro funciona como uma espécie de programa de computador no qual você determina a sequência de cliques e outras ações feitas na tela do computador, com a possibilidade de usar ferramentas de programação como cláusulas condicionais e comandos de repetição.

Conforme você absorve a mentalidade do planejamento, o que parece à primeira vista algo chato e sem sentido se transforma em um registro de ações e de correção de rotas indispensável à sua estratégia. Ao criar o hábito de checar as variáveis de controle, você se sentirá estimulado a fazer cada vez mais e melhor graças às respostas que receberá das pessoas que interagem com o seu perfil. Assim, as curtidas, os comentários e os novos seguidores se tornarão o "banho quente, a comida boa e a cama confortável" que lhe darão forças para continuar caminhando. A mentalidade do planejamento oferece as ferramentas necessárias para que você se discipline e gere os estímulos necessários para a concretização de seu objetivo. E, como ocorre a um bebê que aprende a andar, seu esforço árduo é recompensado ao fim com uma conquista da qual só quem caminha com as próprias pernas pode desfrutar com justiça.

Mas há coisas que não podemos prever e outras que deixamos escapar em nossas jornadas. Saber lidar com elas também é parte essencial da mentalidade do planejamento.

GERENCIAMENTO DE CRISE

Seja por ação da natureza, alguma nova regra, um imposto inesperado ou notícias falsas mal-intencionadas, o seu negócio pode passar por maus bocados. Dependendo do nível de gravidade do obstáculo, ele pode significar o fim de uma grande ideia ou de um negócio de vários anos. Estamos suscetíveis a problemas dos mais variados tipos. A diferença está não só em como nos preparamos para lidar com eles, mas também no que podemos aprender com os imprevistos.

Uma crise é um acontecimento de grandes proporções, que pode surgir repentinamente ou como resultado de erros ou descuidos diversos. Falta de caixa, falhas de equipamento, ações da natureza, equívocos de funcionários ou decisões duvidosas são problemas que afetam o processo ou a imagem do negócio e devem ser combatidos ao menor sinal.

Uma crise pode ter vários níveis de intensidade de acordo com sua origem e efeitos. Ela pode afetar muito ou pouco, toda a empresa ou parte dela. Sua intensidade pode ser medida também pela resposta que você dá ao problema. Uma crise modesta pode tomar dimensões maiores se não for bem gerenciada, assim como uma crise mais séria pode ser mitigada rapidamente se um planejamento prévio tiver sido bem elaborado. Podemos classificar uma crise de acordo as seguintes categorias:

- **Leve**: Problemas de origem duvidosa, causados por informações incompletas ou acusações infundadas, mas que podem causar confusão e mal-entendidos. Aqui, a busca pela verdade é uma resposta rápida a notícias falsas ou a conversas que arranhem a imagem de seu negócio;

- **Mediana**: Dificuldade nas vendas, reputação da empresa afetada ou alguma mudança (interna ou externa) requerem medidas mais duras para a resolução do problema, como o acionamento de protocolos para resolução e eliminação das causas;

- **Grave**: Acontecimentos que afetam diretamente a existência da empresa como um todo, como falta de confiança na marca, prejuízo que pode levar à falência, grandes catástrofes da natureza, pandemias, falta de recursos etc. Aqui, além do acionamento de protocolos para resolução e eliminação das causas, a velocidade e a comunicação são essenciais para a própria manutenção do negócio.

Para preparar-se diante de tantos cenários distintos de dificuldade, você deve conhecer uma série de práticas de gerenciamento de crise. Elas podem ser cruciais para a manutenção do negócio, bem como de sua credibilidade e imagem. Ao se municiar com esse conhecimento, você poderá combater desde o início os efeitos negativos, com rapidez e eficiência, até mesmo transformando a maré baixa em oportunidades futuras. Confira a seguir as principais práticas que o ajudarão a lidar com os momentos críticos:

- **Agilidade**: É preciso ser rápido na resposta a uma crise. Quanto maior o seu negócio, maior o número de pessoas que devem estar preparadas para entrar em ação ao primeiro sinal de imprevistos.

- **Comunicação**: A velocidade de resposta sem uma comunicação clara não passará de esforço jogado fora. Deixe seus canais abertos para o público, que assim poderá atestar a sua boa vontade de resolver a questão, mantendo-se a transparência de sua marca.

- **Conhecimento**: Se "conhecimento é poder", entender suas características e de seus clientes ajuda na correção de problemas e na superação de crises. Saber como agir de forma sábia e justa é a chave para enfrentar as crises de frente.

- **Empatia**: Ter empatia é essencial para uma marca nos dias de hoje. Colocar-se na posição do outro e ter noção dos problemas que cercam a sociedade atual faz com que o seu respeito pelo consumidor se torne maior. Como consequência, sua resposta diante de crises refletirá esse caráter empático e ela se tornará mais bem-sucedida.

- **Praticidade**: Busque a solução a todo custo e não deixe o consumidor na mão. O pós-venda é um setor delicado, portanto, ofereça ao cliente todo o suporte possível, corrija o problema de imediato, desculpe-se e mantenha a sua credibilidade.

- **Responsabilidade**: No momento de crise, assuma seus erros e nunca deixe de dar satisfações ao público. Quando você não terceiriza suas responsabilidades, mostra que sua marca é sólida e confiável.

MENTALIDADE DO PLANEJAMENTO

Antecipar-se ao problema é, no fim das contas, a melhor maneira de tratá-lo. Faça um mapeamento das eventuais situações que podem gerar uma situação de crise no seu negócio. E, uma vez superado o momento crítico, o que podemos extrair de positivo da situação? Há dois pontos a se considerar: a análise do problema em si e o aprendizado a partir dos erros. O estudo da crise é muito importante para evitar que ela se repita. É preciso criar inciativas para a correção dos problemas enfrentados, de modo a se aperfeiçoarem as estratégias de seu negócio como um todo. Quanto ao aprendizado com os erros, se você assimilou os motivos que o levaram à crise e já tem um bom entendimento de como lidar com ela, poderá se preparar melhor para o futuro. O aperfeiçoamento contínuo torna a empresa mais forte para que sofra cada vez menos com momentos delicados. Há também o entendimento de que crises geram novas oportunidades. Sendo assim, se o seu negócio se mantém sólido mesmo em momentos críticos, seja no âmbito financeiro ou social, pode se tornar uma marca diferenciada no mercado em razão de sua força. Que o diga a Coca-Cola, que, como soubemos nas linhas iniciais deste livro, fez da vontade de um público fiel e de sua própria resiliência o motor de sua transformação da crise para o êxito.

NOVOS APRENDIZADOS, VELHOS VALORES

Percorremos um longo caminho. Nessa jornada, os aprendizados foram muitos. Aprendemos as estratégias necessárias para posicionar nossas marcas, de modo que os consumidores nos vejam da maneira como gostaríamos. Esmiuçamos por que o conteúdo é tão importante no marketing da atualidade e como deixá-lo atraente, informativo e cativante para nosso público. Aprendemos o que é necessário para aparecer no topo da lista de buscas do Google, compreendendo os mecanismos do seu algoritmo para aparecer à vista do consumidor. Abordamos o universo das redes sociais dentro do marketing digital e como utilizá-las a nosso favor, assimilando as principais estratégias para angariar seguidores e interagir com o público de modo engajador. Vimos que o e-mail marketing, longe de ser uma ferramenta ultrapassada, ainda é um importante recurso para o sucesso de nossas estratégias em marketing digital, compreendendo as práticas necessárias para atrair os consumidores em meio a um mar de mensagens. E compreendemos, por fim, a importância de adotarmos a mentalidade do planejamento para atingir os nossos objetivos em marketing digital, nos negócios em geral e para aprender a lidar com os percalços da estrada árdua e recompensadora do sucesso.

Não foi e jamais será uma trajetória fácil. Nossa intenção foi descomplicá-la para torná-la mais clara. Trata-se de conhecimento acumulado por outros, que vieram antes de nós, e sempre haverá pessoas a trazer novos conhecimentos, reinventando continuamente e para sempre o marketing. Por isso, o aprendizado deve acompanhá-lo por toda a vida, mas jamais de forma estática. Você deve se atualizar incessantemente diante desse futuro de mudanças cada vez mais rápidas e garantir que os novos aprendizados reflitam os velhos valores de confiança, respeito e solidez diante dos consumidores. Que esta obra possa ajudá-lo a aprofundar seus laços afetivos com os consumidores; que ela se torne um livro aberto na sua mesa de trabalho, até que você assimile todos os seus ensinamentos e possa aperfeiçoá-los e transmiti-los às futuras gerações. O futuro do marketing depende de cada um de nós, seres apaixonados e perseverantes. O mundo não pode esperar, nós não podemos parar. Sigamos em frente e rumo ao sucesso!

SOBRE O AUTOR

Alessandro Gerardi é um executivo com mais de vinte anos de experiência em marketing digital e gestão de empresas nas áreas de comunicação e entretenimento. Formado em Engenharia Eletrônica de Computadores pela Faculdade de Engenharia Industrial (FEI) e com MBA em Gestão de Negócios pela Escola Superior de Propaganda e Marketing (ESPM) e ITA (Instituto Tecnológico de Aeronáutica), Gerardi atuou no setor de Programação e Análise de Sistemas ao longo de dez anos, fundou em 1997 a Editora Digerati, responsável por publicações que auxiliaram na formação técnica de milhares de jovens, a exemplo das revistas *Geek* e *PC Brasil*, e foi o criador do primeiro site brasileiro de jogos, o Topgames.com (1996), e do primeiro shopping virtual nacional, o Super Lojas, que abrigava em sua plataforma, ainda no início dos anos 2000, mais de 3,5 mil lojas virtuais. Atualmente, atua como consultor em marketing digital, aplicando os conceitos descritos neste livro em empresas dos mais diversos segmentos, além de cursar Psicologia na Universidade Presbiteriana Mackenzie, área cada vez mais importante para quem trabalha nas esferas digital e analógica.

REFERÊNCIAS

35+ FACEBOOK statistics & facts for 2021. Website Hosting Rating, 2021. Disponível em: <https://www.websitehostingrating.com/facebook-statistics/>. Acesso em: 05 fev. 2021.

63 FASCINATING Google Search Statistics. SEO Tribunal, 2018. Disponível em: <https://seotribunal.com/blog/google-stats-and-facts/>. Acesso em: 11 jan. 2021.

ABREU, Leandro. 23 Estatísticas do YouTube que comprovam por que a plataforma é uma das maiores redes sociais. Rock Content, 2019 Disponível em: <https://rockcontent.com/br/blog/estatisticas-do-youtube/>. Acesso em: 11 jan. 2021.

_____. 53 estatísticas de Marketing de Conteúdo para você se convencer a investir nessa estratégia agora mesmo. Rock Content, 2020. Disponível em: <https://rockcontent.com/blog/estatisticas-marketing-de-conteudo/>. Acesso em: 11 jan. 2021.

BARRELL, Jen. 26 SEO statistics for 2020 and what you can learn from them. Impact, 2019. Disponível em: <https://www.impactbnd.com/blog/seo-statistics>. Acesso em: 11 jan. 2021.

BELLONI, Luiza. A fórmula da Havaianas para deixar o mundo aos seus pés. *Exame*, 2015. Disponível em: <https://exame.com/negocios/a-formula-da-havaianas-para-deixar-o-mundo-aos-seus-pes>. Acesso em: 11 jan. 2021.

CONHEÇA a demografia das mídias sociais. Twist, 2017. Disponível em: <https://www.twist.systems/pt-br/blog/2017/11/26/conheca-atual-demografia-das-midias-sociais/>. Acesso em: 18 jan. 2021.

CONTENT Marketing. UC San Diego. Disponível em: <https://extension.ucsd.edu/courses-and-programs/content-marketing>. Acesso em: 18 jan. 2021.

CONTENT Marketing Infographic. Demand Metric. Disponível em: <https://www.demandmetric.com/content/content-marketing-infographic>. Acesso em: 18 jan. 2021.

EMAIL Marketing vs Social Media: Are You Focusing on the Wrong Channel? Campaign Monitor, 2014. Disponível em: <https://www.campaignmonitor.com/blog/email-marketing/2019/05/email-marketing-vs-social-media/>. Acesso em: 18 jan. 2021.

EMAIL Statistics Report, 2019-2023. The Radicati Group, Inc., 2019. Disponível em:
<https://www.radicati.com/wp/wp-content/uploads/2018/12/Email-Statistics-Report-2019-2023-Executive-Summary.pdf>. Acesso em: 18 jan. 2021.

REFERÊNCIAS

ESTATÍSTICAS comprovam a influência do conteúdo visual na internet e no e-commerce. *Exame Negócios*. Disponível em: <https://exame.com/negocios/dino_old/estatisticas-comprovam-a-influencia-do-conteudo-visual-na-internet-e-no-e-commerce/>. Acesso em: maio 2020.

FONSECA, Letícia. 6 estratégias de sucesso para você colocar em prática no seu e-commerce. Rock Content, 2017. Disponível em: <https://rockcontent.com/br/blog/estrategias-para-ecommerce/>. Acesso em: 18 jan. 2021.

HÁ 30 anos, um erro histórico da Coca-Cola. *O Estado de S. Paulo*, 2015. Disponível em: <https://economia.estadao.com.br/noticias/geral,ha-30-anos-um-erro-historico-da-coca-cola,1676413>. Acesso em: 18 jan. 2021.

HAYS, Constance L. *The Real Thing*: Truth and Power at the Coca-Cola Company. Nova York: Random House, 2005.

HOLLIE, Pamela G. Formula for Coca-Cola is expected to change. *The New York Times*, 1985. Disponível em: <https://www.nytimes.com/1985/04/23/business/formula-for-coca-cola-is-expected-to-change.html>. Acesso em: 18 jan. 2021.

KELLER, Kevin Lane; MACHADO, Marcos. *Gestão estratégica de marcas*. São Paulo: Pearson Prentice Hall, 2006.

KOTLER, Philip; KARTAJAYA, Iwan Setiawan. *Marketing 4.0*: do tradicional ao digital. Rio de Janeiro: Sextante, 2017.

KOTLER, Philip; KELLER, Kevin Lane. *Administração de Marketing*. São Paulo: Pearson Education, 2012.

LEGO é a marca mais poderosa do mundo em 2017. Época Negócios, 2017. Disponível em: <https://epocanegocios.globo.com/Marketing/noticia/2017/02/lego-e-marca-mais-poderosa-do-mundo-em-2017.html>. Acesso em: 18 jan. 2021.

MAYRINK, Vinicius. Gerenciamento de crise: como os melhores gestores agem. Outbound Marketing Consultoria. Disponível em: <https://outboundmarketing.com.br/gerenciamento-de-crise/>. Acesso em: 18 jan. 2021.

McCULLOCH, Alexandria. Everything is Awesome: LEGO's Monster Year on Social. Socialbakers, 2015. Disponível em: <https://www.socialbakers.com/blog/2368-everything-is-awesome-lego-s-monster-year-on-social>. Acesso em: 18 jan. 2021.

McGEE, Matt. Eye-Tracking Study: Everybody Looks At Organic Listings, But Most Ignore Paid Ads On Right. Search Engine Land, 2011. Disponível em: <https://searchengineland.com/eye-tracking-study-everybody-looks-at-organic-listings-but-most-ignore-paid-ads-on-right-67698>. Acesso em: 18 jan. 2020.

OSMAN, Maddy. Estatísticas e fatos do LinkedIn (2020). Kinsta, 2020. Disponível em: <https://kinsta.com/pt/blog/estatisticas-e-fatos-do-linkedin/>. Acesso em: 18 jan. 2021.

REFERÊNCIAS

_____. Estatísticas e fatos do Twitter sobre a nossa rede favorita (2020). Kinsta, 2020. Disponível em: <https://kinsta.com/pt/blog/estatisticas-e-fatos-do-twitter/>. Acesso em: 18 jan. 2021.

PANORAMA mundial das redes sociais: 91 estatísticas que você precisa saber. Rock Content. Disponível em: <https://inteligencia.rockcontent.com/estatisticas-de-redes-sociais/>. Acesso em: jun. 2020.

PATEL, Neil. Facebook Marketing: como fazer e estratégias para 2020. Neil Patel. Disponível em: <https://neilpatel.com/br/blog/marketing-para-facebook/>. Acesso em: 18 jan. 2021.

_____. Sites de Busca: Conheça os 13 buscadores mais usados no mundo. Neil Patel. Disponível em: <https://neilpatel.com/br/blog/sites-de-busca/>. Acesso em: 18 jan. 2021.

PESQUISA indica os melhores dias e horários para anúncios on-line. Associação Brasileira de Marketing de Dados. Disponível em: <https://abemd.org.br/noticias/ecommerce-pesquisa-indica-os-melhores-dias-e-horarios-para-anuncios-online>. Acesso em: maio 2020.

RIBEIRO, Italo. Utilize bem as redes sociais e conquiste clientes para sua empresa. Sebrae, 2017. Disponível em: <https://m.sebrae.com.br/sites/PortalSebrae/artigos/utilize-bem-as-redes-sociais-e-conquiste-clientes-para-sua-empresa,f

0c880390c89d510VgnVCM1000004c00210aRCRD>. Acesso em: 18 jan. 2021.

RIES, Al; TROUT, Jack. *Posicionamento*: a batalha por sua mente. São Paulo: M. Books, 2009.

RIMBA, Ara. We Ranked Top 15 Bestselling Sodas in The World. Alux, 2016. Disponível em: <https://www.alux.com/bestselling-sodas-world/15/>. Acesso em: 18 jan. 2021.

VISUALIZAÇÕES do Instagram Stories em dados: entenda o potencial do formato para empresas! mLabs, 2018. Disponível em: <https://www.mlabs.com.br/blog/dados-visualizacoes-do-instagram-stories/>. Acesso em: 18 jan. 2021.

WAKKA, Wagner. Pesquisa mostra que 53% dos brasileiros passam mais de 6h por dia na internet. Canaltech, 2018. Disponível em: <https://canaltech.com.br/internet/pesquisa-mostra-que-53-dos-brasileiros-passam-mais-de-6h-por-dia-na-internet-113988/>. Acesso em: 18 jan. 2021.

ZALTMAN, Gerald. *Afinal, o que os clientes querem?*. Rio de Janeiro: Campus, 2003.